DIREITOS FUNDAMENTAIS 2.0

DIREITOS FUNDAMENTAIS 2.0

DIREITOS FUNDAMENTAIS 2.0

COORDENADOR
Helena Alves – GRAL

DISTRIBUIDORA
EDIÇÕES ALMEDINA, S.A.
Av. Fernão de Magalhães, nº 584. 5º Andar
3000-174 Coimbra
Tel.: 239 851 904 · Fax: 239 851 901
www.almedina.net · editora@almedina.net

DESIGN
FBA.

PRÉ-IMPRESSÃO, IMPRESSÃO E ACABAMENTO
G.C. – GRÁFICA DE COIMBRA, LDA.
Palheira Assafarge, 3001-153 Coimbra
producao@graficadecoimbra.pt
Novembro, 2010

DEPÓSITO LEGAL
319796/10

Apesar do cuidado e rigor colocados na elaboração da presente obra, devem os diplomas legais dela constantes ser sempre objecto de confirmação com as publicações oficiais.

Toda a reprodução desta obra, por fotocópia ou outro qualquer processo, sem prévia autorização escrita do Editor, é ilícita e passível de procedimento judicial contra o infractor.

BIBLIOTECA NACIONAL DE PORTUGAL – CATALOGAÇÃO NA PUBLICAÇÃO

PORTUGAL. Gabinete para a Resolução Alternativa de Litígios

Direitos fundamentais 2.0
ISBN 978-972-40-4417-0

CDU   342

ÍNDICE

Prefácio 11
José Magalhães

PARTE I – DIREITOS E DEVERES FUNDAMENTAIS 13
Título I – Princípios Gerais. 13

Artigo 20º – Acesso ao direito e tutela jurisdicional efectiva 13
F. Xavier Malcata

Artigo 21º – Direito de resistência 15
Maria da Graça Carvalho

Título II – Direitos, Liberdades E Garantias. 16
Capítulo I – **Direitos, liberdades e garantias pessoais**. 16

Artigo 24º – Direito à vida. 16
Vasco Sousa Uva

Artigo 25º – Direito à integridade pessoal 18
Simone de Oliveira

Artigo 26º – Outros direitos pessoais 19
Pedro Almeida Lima

Artigo 27º – Direito à liberdade e à segurança 21
Lídia Jorge

Artigo 28º – Prisão preventiva 23
Eduardo Madeira

Artigo 29º – Aplicação da lei criminal 24
Carlos Nogueira Fino

Artigo 30º – Limites das penas e das medidas de segurança 26
Luís Filipe Borges

Artigo 31º – *Habeas corpus* 28
António Victorino D'Almeida

Artigo 32º – Garantias de processo criminal 30
Eduarda Maio

Artigo 33º – Expulsão, extradição e direito de asilo 32
Rui Zink

Artigo 34º – Inviolabilidade do domicílio e da correspondência 34
Fernando Mendes

Artigo 35º – Utilização da informática 36
Henrique Monteiro

Artigo 36º – Família, casamento e filiação 38
João Lagos

Artigo 37º – Liberdade de expressão e informação 40
Pedro Couceiro

Artigo 38º – Liberdade de imprensa e meios de comunicação social 41
José Pinto da Costa

Artigo 39º – Regulação da comunicação social 43
Francisco Moita Flores

Artigo 40º – Direitos de antena, de resposta e de réplica política 45
Dina Aguiar

Artigo 41º – Liberdade de consciência, de religião e de culto 47
Sara Tavares

Artigo 42º – Liberdade de criação cultural 48
Telma Monteiro

Artigo 43º – Liberdade de aprender e ensinar 49
Pedro Jóia

Artigo 44º – Direito de deslocação e de emigração 50
Freitas-Magalhães

Artigo 45º – Direito de reunião e de manifestação 51
Rita Ferro

Artigo 46º – Liberdade de associação 52
Sónia Tavares

Artigo 47º – Liberdade de escolha de profissão e acesso à função pública 53
Maria de Jesus Barroso Soares

Capítulo II – **Direitos, liberdades e garantias de participação política** ... 55

Artigo 48º – Participação na vida pública.................................. 55
Elisabete Jacinto

Artigo 49º – Direito de sufrágio 56
Camané

Artigo 50º – Direito de acesso a cargos públicos 57
Maria do Rosário Pedreira

Artigo 51º – Associações e partidos políticos.............................. 58
Inês Pedrosa

Artigo 52º – Direito de petição e direito de acção popular 60
Zé Pedro

Capítulo III – **Direitos, liberdades e garantias dos trabalhadores** 62

Artigo 53º – Segurança no emprego....................................... 62
Nuno Costa Santos

Artigo 54º – Comissões de trabalhadores.................................. 64
Ricardo Andorinho

Artigo 55º – Liberdade sindical... 66
Filipe Albuquerque

Artigo 56º – Direitos das associações sindicais e contratação colectiva........ 68
Fernando Rocha

Artigo 57º – Direito à greve e proibição do lock-out........................ 69
Manuela Ramalho Eanes

Título III – Direitos e Deveres Económicos, Sociais e Culturais 71
Capítulo I – **Direitos e deveres económicos** 71

Artigo 58º – Direito ao trabalho 71
Nilton

Artigo 59º – Direitos dos trabahadores.................................... 73
João Marcelino

Artigo 60º – Direitos dos consumidores................................... 75
Vanessa Fernandes

Artigo 61º – Iniciativa privada, cooperativa e autogestionária 76
Anabela Mota Ribeiro

Artigo 62º – Direito de propriedade privada............................... 78
Arlindo Oliveira

Capítulo II – **Direitos e deveres sociais**................................. 79

Artigo 63º – Segurança social e solidariedade............................. 79
Augusto Madureira

Artigo 64º – Saúde... 81
Filipa Martins

Artigo 65º – Habitação e urbanismo 83
Cecília Arraiano

Artigo 66º – Ambiente e qualidade de vida 85
Nuno Delgado

Artigo 67º – Família 87
Tereza Salgueiro

Artigo 68º – Paternidade e maternidade. 89
Isabel Sá Correia

Artigo 69º – Infância. 91
João Tordo

Artigo 70º – Juventude. 92
Óscar Branco

Artigo 71º – Cidadãos portadores de deficiência 94
Clara de Sousa

Artigo 72º – Terceira idade 96
Naide Gomes

Capítulo III – **Direitos e deveres culturais** 97

Artigo 73º – Educação, cultura e ciência. 97
Carlos Vidal

Artigo 74º – Ensino. 99
Maria do Carmo Fonseca

Artigo 75º – Ensino público, particular e cooperativo 101
Mário de Carvalho

Artigo 76º – Universidade e acesso ao ensino superior. 102
Frederico Gil

Artigo 77º – Participação democrática no ensino. 103
Rui Machado

Artigo 78º – Fruição e criação cultural. 104
Adelaide Ferreira

Artigo 79º – Cultura física e desporto 106
José Luís Peixoto

PARTE III – ORGANIZAÇÃO DO PODER POLÍTICO 107

TÍTULO IX – ADMINISTRAÇÃO PÚBLICA 107

Artigo 268º – Direitos e garantias dos administrados 107
José Cid

Os Comentadores... 109

PREFÁCIO

Há em Portugal um fortíssimo amor aos Direitos Fundamentais. Tivemos, como outros povos, a experiência de viver em ditadura, mas com à singularidade de tão grande negação de todos os direitos se ter arrastado, insolitamente, por quase meio século, na sua manifestação mais recente e brutal, transformando o "Portugal Amordaçado" num caso extremo e estranho de anacronismo à escala mundial.

Após a Revolução e por causa dela, os deputados constituintes de todos os quadrantes convergiram facilmente na consagração de um dos mais ricos e diversificados catálogos de direitos de todo o planeta, sucessivamente ampliado em todas as revisões constitucionais. Um vastíssimo conjunto de leis regulamentou e ampliou esse catálogo, recentemente reforçado pelo Tratado de Lisboa.

Após décadas de democracia, dissipa-se a memória da Grande fome de direitos que o 25 de Abril quis ver abolida para sempre. A privação de direitos fundamentais é justamente sentida como sinal de falência das políticas que deveriam defendê-los, desnudando um défice que importa combater, mais fundo e grave que o orçamental. Ninguém deve surpreender-se. A liberdade e a igualdade não são um património que uma vez adquirido cresce e se multiplica incessantemente, sem agruras e vicissitudes adversas. Como bem alerta Bobbio, são um dever-ser, um ideal a perseguir, um valor cuja concretização exige luta permanente.

A Constituição da República define entre as tarefas fundamentais do Estado democrático a de garantir os direitos e liberdades. Será, porém, sempre incerto o resultado dessa luta, se os cidadãos não conhecerem os seus direitos ou tiverem deles uma errada percepção.

O Ministério da Justiça vem contribuindo para ampliar o acesso ao Direito, apostando para isso numa grande diversidade de meios, desde os clássicos até aos que tiram partido da *Internet* e das ferramentas electrónicas nela assentes para facilitar a ampla disseminação de informação jurídica propiciadora do exercício de direitos.

É nessa dinâmica que se insere a publicação do livro "Direitos Fundamentais 2.0" – uma excelente iniciativa do Gabinete para a Resolução

Alternativa de Litígios. Distingue-se de muitas outras pelo espírito inovador. Subvertendo a tradicional fórmula que reserva a peritos jurídicos a "explicação de direitos" aos cidadãos seus titulares, esta publicação da era do 2.0, dá a voz a um mosaico diversificado de portuguesas e portugueses do século XXI, postos perante o desafio incomum de comentarem à sua maneira, artigo a artigo, a riquíssima narrativa constitucional dos direitos fundamentais.

Olhando o largo e bastante impressionante naipe de profissões, experiências de vida, convicções e posturas era de esperar uma grande assimetria de opções, bem como diferenças de critérios e de estilos. O modo como foi feita e aceite a selecção em concreto dos temas atribuídos a cada "anotador(a)" veio, contudo, complexificar e aumentar mais ainda as probabilidades de resultados bem distintos dos oriundos das oficinas de especialistas.

A fórmula escolhida resultou num prémio para quem lê. Na verdade, quem aceita "dizer o Direito" sabe que, ao desvendar normas jurídicas, não pode deixar de projectar-se no que pensa e no que é.

Ora impressiona ver até que ponto tal sucedeu nesta experiência colectiva, originando a mais-valia deste livro. Ao lê-lo, cada um poderá avaliar o rigor variável com que é tratado o nosso catálogo de direitos fundamentais. Julgo, contudo, que ninguém deixará de concluir que a colectânea de comentários (pertinentemente acompanhados de nótulas biográficas) retrata muitíssimo bem os cidadãos e cidadãs que, olhando o espelho da lei, aceitaram revelar-se perante todos nós em pleno acto de cidadania.

Saúdo o resultado e auguro que facilitará o êxito do "Direitos Fundamentais 2.0".

Aos autores e autoras, bem como à equipa do GRAL que pilotou o projecto e o levou a bom porto, presto público agradecimento por essa boa contribuição para que a "Constituição viva" corresponda ao sonho e à vontade de quem, em nosso nome, a escreveu.

JOSÉ MAGALHÃES

Secretário de Estado da Justiça e da Modernização Judiciária

PARTE I
DIREITOS E DEVERES FUNDAMENTAIS
TÍTULO I
PRINCÍPIOS GERAIS

(...)

ARTIGO 20º
Acesso ao direito e tutela jurisdicional efectiva

1. A todos é assegurado o acesso ao direito e aos tribunais para defesa dos seus direitos e interesses legalmente protegidos, não podendo a justiça ser denegada por insuficiência de meios económicos.

2. Todos têm direito, nos termos da lei, à informação e consulta jurídicas, ao patrocínio judiciário e a fazer-se acompanhar por advogado perante qualquer autoridade.

3. A lei define e assegura a adequada protecção do segredo de justiça.

4. Todos têm direito a que uma causa em que intervenham seja objecto de decisão em prazo razoável e mediante processo equitativo.

5. Para defesa dos direitos, liberdades e garantias pessoais, a lei assegura aos cidadãos procedimentos judiciais caracterizados pela celeridade e prioridade, de modo a obter tutela efectiva e em tempo útil contra ameaças ou violações desses direitos.

A essência da democracia é a equidade de todos os cidadãos em termos de direitos – que naturalmente conduz à liberdade individual na construção de um percurso de vida, tomando partido das capacidades e respondendo às expectativas de cada um, numa diversidade que enriquece indelevelmente as relações humanas e consubstancia uma sociedade plural. A existência de tal pluralidade no seio do colectivo – conjugada com a liberdade cultivada por cada um, leva por vezes à emergência de situações de conflito *inter pares*. A sua resolução deve ser o mais célere possível, sob pena de prolongar deliberadamente ameaças ou violações de direitos dos envolvidos – devendo simultaneamente garantir razoabilidade na defesa dos pontos de vista de cada um, confidencialidade no tratamento dos dados individuais e recurso profissionalizado à interpretação jurídica.

Porém, a limitação física em pessoal especializado e em recursos financeiros para tal exige abordagens mais estruturadas e mecanismos alternativos mais eficazes, por forma a garantir o acesso livre e universal à justiça, e uma tutela jurisdicional efectiva. Uma nação que não investe neste desígnio – de forma politicamente convincente e temporalmente consistente, compromete o seu futuro enquanto democracia, e ofende o seu passado enquanto história. Por isso se reveste de importância crucial contemplar tal princípio na Lei mais básica de um País – como Portugal oportunamente o fez através do Art. 20º da sua Constituição, mas sobretudo assegurar a sua prática corrente e generalizada.

F. XAVIER MALCATA

ARTIGO 21º
Direito de resistência

Todos têm o direito de resistir a qualquer ordem que ofenda os seus direitos, liberdades e garantias e de repelir pela força qualquer agressão, quando não seja possível recorrer à autoridade pública.

O artigo enuncia dois direitos importantes: o de resistir a uma ordem e o de repelir pela força qualquer agressão. Ambos os direitos são apresentados de forma condicionada. De facto, o primeiro direito é condicionado pela natureza da ordem à qual o cidadão pode resistir. Ela tem de ser ofensiva dos direitos, das liberdades ou das garantias do cidadão, prerrogativas que são descritas noutros artigos da Constituição. O segundo, o direito de utilizar a força para repelir qualquer agressão, só é limitado pela impossibilidade de recurso à autoridade pública.

Penso que este segundo direito constitui um verdadeiro desafio à vigilância e ao sentido de responsabilidade das autoridades públicas. Todos desejamos viver numa sociedade pacífica e solidária, na qual as tensões sociais mais agudas sejam consideradas, debatidas e dirimidas nas instâncias públicas competentes. No fundo, desejamos que um cidadão nunca se veja na necessidade de fazer uso do direito de repelir uma agressão pela força, seja quando a agressão lhe é dirigida a ele seja quando é dirigida a outros. E este artigo da nossa Constituição diz, de forma clara e inequívoca, que evitar que tal aconteça está nas mãos das autoridades públicas, que devem assegurar um acesso célere e universal aos seus órgãos.

MARIA DA GRAÇA CARVALHO

TÍTULO II
DIREITOS, LIBERDADES E GARANTIAS
CAPÍTULO I
DIREITOS, LIBERDADES E GARANTIAS PESSOAIS

ARTIGO 24º
Direito à vida

1. A vida humana é inviolável.

2. Em caso algum haverá pena de morte.

Na Constituição da República Portuguesa, o Direito à vida está contemplado no artigo 24º. A sua redacção apesar de clara tem suscitado diferentes interpretações que sempre causaram discussão na sociedade portuguesa.

Situações como o aborto, a eutanásia e a pena de morte não são permitidas à luz do nº 1 deste artigo. No que respeita à pena de morte a CRP vai mesmo mais longe proibindo-a em todo e qualquer caso (nº 2). Solução semelhante está prevista nos artigos 131º e seguintes do Código Penal para a Eutanásia, já que este código a qualifica como homicídio. No entanto a comunidade portuguesa decidiu despenalizar e legalizar o aborto, através de um referendo em 2007 (Lei nº 16/2007, de 17 de Abril). Porquê esta diferença? Qual a justificação? Deverá ser a vida de um adulto mais valorizada que a vida de um feto? Não vejo porquê, já que considero que o Direito à Vida é o mais importante dos direitos fundamentais, que este se adquire no momento da concepção e que é a partir dele que decorrem todos os outros direitos, fundamentais ou não. É por estas razões (mas também por outras) que obviamente sou contra a legalização do aborto nos moldes referendados em Portugal. Mas essa causa já a perdi no dia em que o referendo foi votado, e no dia em que o Tribunal Constitucional declarou a constitucionalidade da Lei.

A questão coloca-se agora quanto às situações de Eutanásia e pena de morte. Ou se legaliza, da mesma forma que se fez com o aborto, ou se altera a Constituição para de uma vez por todas estas dúvidas deixem de existir.

VASCO SOUSA UVA

ARTIGO 25º
Direito à integridade pessoal

1. A integridade moral e física das pessoas é inviolável.

2. Ninguém pode ser submetido a tortura, nem a tratos ou penas cruéis, degradantes ou desumanos.

E agora o que é que eu digo! A nossa moral é inviolável.

E a moral de quem deixa, avós, pais em esquecimento consentido nos hospitais, e a moral de quem acusa sem saber porquê? E a moral dos pedófilos e a moral de todas as pessoas que por todo o mundo, nos maltratam a todos!

Onde está a moral das guerras, onde está a moral de um racismo idiota e preconceituoso.

Onde está a moral, e não só, de alguns políticos? Que nos fazem passar por situações degradantes e cruéis? Nós somos, todos nós, desumanos todos os dias. Criticamos, aproveitamos a vida dos outros, a intimidade dos outros, para com ela se venderem revistas, para com elas ganhar audiências, para com ela acontecer a palavra dinheiro!

O nosso racismo é intolerável! É gordo! É feio! É preto! Não faças aos outros o que não queres que te façam a ti! Ah! Ah! Deixem-me rir. Porque se não dermos uma boa gargalhada para esconder as lágrimas que nos escorrem por dentro não sei o que será de nós!

O artigo 25º da Constituição devia andar aí pelas ruas, em painéis, assim como um produto de publicidade para que todos o relembrássemos.

Ouçam-nos. A vossa moral assim vos deve aconselhar!

Aliás há uma moral colectiva, uma moral cá de dentro, um senso comum, que nos deve dizer. Respeitem-se uns aos outros, para que todos os artigos de todas as Constituições do mundo possam ajudar-nos a ter uma sociedade, livre, justa e humana.

SIMONE DE OLIVEIRA

ARTIGO 26º
Outros direitos pessoais

1. A todos são reconhecidos os direitos à identidade pessoal, ao desenvolvimento da personalidade, à capacidade civil, à cidadania, ao bom nome e reputação, à imagem, à palavra, à reserva da intimidade da vida privada e familiar e à protecção legal contra quaisquer formas de discriminação.
2. A lei estabelecerá garantias efectivas contra a obtenção e utilização abusivas, ou contrárias à dignidade humana, de informações relativas às pessoas e famílias.
3. A lei garantirá a dignidade pessoal e a identidade genética do ser humano, nomeadamente na criação, desenvolvimento e utilização das tecnologias e na experimentação científica.
4. A privação da cidadania e as restrições à capacidade civil só podem efectuar-se nos casos e termos previstos na lei, não podendo ter como fundamento motivos políticos.

O Artigo 26º da Constituição da República Portuguesa ganhou, nos últimos anos, uma relevância acrescida, nomeadamente no que toca ao reconhecimento, a todos os cidadãos, do direito "ao bom nome e reputação, à imagem, à palavra, à reserva da intimidade da vida privada e familiar (...)". Efectivamente, tem vindo a instalar-se na nossa sociedade uma crescente e perigosa confusão entre o privado e o público, habilmente explorada pelos media (e não só) com intuitos sensacionalistas e/ou políticos relativamente a figuras públicas. Importa que os cidadãos não aceitem como natural esta escalada que pode levar-nos, em última análise, ao receio de qualquer cidadão se exprimir livremente em privado, por se correr o risco de tal se tornar público e poder ser usado contra si. Como bem diz o ponto 4 do mesmo artigo "A privação da cidadania e as restrições à capacidade civil só podem efectuar-se nos casos e nos termos previstos na lei, não podendo ter como fundamentos motivos políticos."

Como cientista e professor universitário, preocupa-me evidentemente que as tecnologias, que os grandes avanços na investigação têm posto ao dispor de todos a uma velocidade estonteante, facilitem muitas vezes estes processos de devassa da intimidade e do foro privado, apesar de na sua génese estar, na esmagadora maioria dos casos, a vontade dos cientistas de contribuírem para o progresso e aumento do bem estar da espécie humana. Cabe-nos pois, principalmente aos que intervimos nestas áreas activamente, mantermo-nos alerta e denunciar todos os abusos delas resultantes.

PEDRO MANUEL URBANO DE ALMEIDA LIMA

ARTIGO 27º
Direito à liberdade e à segurança

1. Todos têm direito à liberdade e à segurança.

2. Ninguém pode ser total ou parcialmente privado da liberdade, a não ser em consequência de sentença judicial condenatória pela prática de acto punido por lei com pena de prisão ou de aplicação judicial de medida de segurança.

3. Exceptua-se deste princípio a privação da liberdade, pelo tempo e nas condições que a lei determinar, nos casos seguintes:

a) Detenção em flagrante delito;

b) Detenção ou prisão preventiva por fortes indícios de prática de crime doloso a que corresponda pena de prisão cujo limite máximo seja superior a três anos;

c) Prisão, detenção ou outra medida coactiva sujeita a controlo judicial, de pessoa que tenha penetrado ou permaneça irregularmente no território nacional ou contra a qual esteja em curso processo de extradição ou de expulsão;

d) Prisão disciplinar imposta a militares, com garantia de recurso para o tribunal competente;

e) Sujeição de um menor a medidas de protecção, assistência ou educação em estabelecimento adequado, decretadas pelo tribunal judicial competente;

f) Detenção por decisão judicial em virtude de desobediência a decisão tomada por um tribunal ou para assegurar a comparência perante autoridade judiciária competente;

g) Detenção de suspeitos, para efeitos de identificação, nos casos e pelo tempo estritamente necessários;

h) Internamento de portador de anomalia psíquica em estabelecimento terapêutico adequado, decretado ou confirmado por autoridade judicial competente.

4. Toda a pessoa privada da liberdade deve ser informada imediatamente e de forma compreensível das razões da sua prisão ou detenção e dos seus direitos.

5. A privação da liberdade contra o disposto na Constituição e na lei constitui o Estado no dever de indemnizar o lesado nos termos que a lei estabelecer.

O Artigo 27º inscreve a Constituição Portuguesa no espírito da civilização contemporânea, no que ela tem de mais avançado e promissor. O direito de todo o cidadão à liberdade e à segurança constitui uma noção e um bem cimentado ao longo de vários séculos, e separa o homem escravo do medo, do homem que a si mesmo se determina. A ideia de que o estado patrocina a liberdade e a segurança de todos os cidadãos, cumprindo-lhe estabelecer as excepções, de modo a garantir que se efective o princípio pacífico, é uma aquisição fundamental para que possa haver harmonia e progresso na comunidade dos homens.

Mas este mundo que os iluministas sonharam pode não ser mais aquele que temos diante dos nossos olhos. Hoje em dia, não estamos a convergir para esse lugar utópico em que a excepção tende a encurtar-se para que a regra seja cada vez mais ampla. Pelo contrário. A Terra tornou-se pequena, os países são cada vez mais lugares de um só lugar, e nele todas as fronteiras, pulverizadas, requerem novos métodos no que à segurança diz respeito. A minha dúvida é se, no seio de uma cultura agressiva à escala mundial, em Portugal, como em qualquer país do mundo, estes princípios não correm o risco de virem a ser re-escritos. Tal como os entendemos, e a nossa Lei Fundamental determina, liberdade e segurança são conceitos *apostos*. A generalizar-se um clima de insegurança, em breve poderão vir a ser considerados conceitos *opostos*. Seria uma perda. Tenho esperança de que a ideia superior de homem livre, que nos move, possa evitar a tentação de fazer das excepções uma regra que nos puna a todos, exilando-nos da garantia da liberdade, em nome da segurança.

LÍDIA JORGE

ARTIGO 28º
Prisão preventiva

1. A detenção será submetida, no prazo máximo de quarenta e oito horas, a apreciação judicial, para restituição à liberdade ou imposição de medida de coacção adequada, devendo o juiz conhecer das causas que a determinaram e comunicá-las ao detido, interrogá-lo e dar-lhe oportunidade de defesa.

2. A prisão preventiva tem natureza excepcional, não sendo decretada nem mantida sempre que possa ser aplicada caução ou outra medida mais favorável prevista na lei.

3. A decisão judicial que ordene ou mantenha uma medida de privação da liberdade deve ser logo comunicada a parente ou pessoa da confiança do detido, por este indicados.

4. A prisão preventiva está sujeita aos prazos estabelecidos na lei.

Na Constituição dos Estados de Direito Democrático há sempre uma parte dedicada aos direitos fundamentais. Ou seja, direitos que fazem parte da nossa condição de cidadãos, que nos protegem das arbitrariedades, que são inalienáveis e que podemos invocar sempre, sem excepções, acima de qualquer outra lei.

O artigo 28º da CRP é um desses direitos. Nele estabelece-se um prazo para que o juiz se pronuncie sobre a condição do detido. Se há motivos para crer que é culpado ou uma ameaça decreta-se a prisão até julgamento. Por outro lado se há dúvidas sobre a culpabilidade ou perigosidade então aguarda em liberdade. Para um juiz esta é já uma decisão muito difícil. Pode deixar livre um delinquente tenebroso que julga não ser, ou pode decretar a prisão de alguém que depois se prova ser puro e inocente como uma flor. No entanto, essa decisão é sua e tem de a tomar. O importante aqui, para o legislador, é prevenir que um cidadão fique preso mais de 48 horas sem ser logo "visto" por um juiz. O "visto e revisto" fica para o julgamento em si.

EDUARDO MADEIRA

ARTIGO 29º
Aplicação da lei criminal

1. Ninguém pode ser sentenciado criminalmente senão em virtude de lei anterior que declare punível a acção ou a omissão, nem sofrer medida de segurança cujos pressupostos não estejam fixados em lei anterior.

2. O disposto no número anterior não impede a punição, nos limites da lei interna, por acção ou omissão que no momento da sua prática seja considerada criminosa segundo os princípios gerais de direito internacional comummente reconhecidos.

3. Não podem ser aplicadas penas ou medidas de segurança que não estejam expressamente cominadas em lei anterior.

4. Ninguém pode sofrer pena ou medida de segurança mais graves do que as previstas no momento da correspondente conduta ou da verificação dos respectivos pressupostos, aplicando-se retroactivamente as leis penais de conteúdo mais favorável ao arguido.

5. Ninguém pode ser julgado mais do que uma vez pela prática do mesmo crime.

6. Os cidadãos injustamente condenados têm direito, nas condições que a lei prescrever, à revisão da sentença e à indemnização pelos danos sofridos.

A Constituição da República Portuguesa, através do seu Artigo 29º, garante, a todos os cidadãos, que a lei, com a qual se julga e se pune um determinado crime, deve ter sido elaborada e entrado em vigor antes da prática desse crime, quer essa lei seja nacional, quer seja internacional. Além disso, impede que um cidadão seja perseguido ao ponto de poder ser julgado e punido mais do que uma vez pelos mesmos factos, ao mesmo tempo que reconhece o direito à indemnização a quem tenha sido injustamente condenado.

Estas garantias são essenciais. Sem elas, nenhum Estado se poderia legitimamente considerar um Estado de Direito. Sendo cumpridas, criam uma situação de estabilidade, transparência, previsibilidade e segurança no relacionamento entre os cidadãos e o poder, neste caso, judicial, cuja actuação limitam e regulam.

Por outro lado, ao aceitar a aplicação de princípios gerais de direito internacional para julgar e punir actos cuja criminalização não esteja prevista em lei nacional, o Artigo 29º da Constituição da República Portuguesa fecha a porta à possibilidade de Portugal se transformar em refúgio para criminosos impunes. E isso é tão importante como garantir a não retroactividade da lei e do enquadramento penal e o direito à indemnização em caso de condenação injusta.

CARLOS NOGUEIRA FINO

ARTIGO 30º
Limites das penas e das medidas de segurança

1. *Não pode haver penas nem medidas de segurança privativas ou restritivas da liberdade com carácter perpétuo ou de duração ilimitada ou indefinida.*
2. *Em caso de perigosidade baseada em grave anomalia psíquica, e na impossibilidade de terapêutica em meio aberto, poderão as medidas de segurança privativas ou restritivas da liberdade ser prorrogadas sucessivamente enquanto tal estado se mantiver, mas sempre mediante decisão judicial.*
3. *A responsabilidade penal é insusceptível de transmissão.*
4. *Nenhuma pena envolve como efeito necessário a perda de quaisquer direitos civis, profissionais ou políticos.*
5. *Os condenados a quem sejam aplicadas pena ou medida de segurança privativas da liberdade mantêm a titularidade dos direitos fundamentais, salvas as limitações inerentes ao sentido da condenação e às exigências próprias da respectiva execução.*

O BOM, O MAU E O VIL

Portugal não ter pena de morte nem pena perpétua, fazer – aliás – parte dos pioneiros mundiais nesta questão, é um dos motivos que me orgulham no meu país. Está lá no *top*, junto com o pastel de Belém e o queijo de São Jorge. Isto é bom. Há outros *itens*, certamente, mas o consumo excessivo do referido produto ilhéu toldou-me a memória.

Contudo, e avançando um número, creio que o nº 2 deste artigo tem, infelizmente, uma interpretação restritiva cá pelo burgo – ou pelo menos limitada. Existem diversos criminosos vítimas de anomalia psíquica em liberdade, e não consta que os programas televisivos de comentário desportivo possuam terapeutas em estúdio indicados por colectivos de juízes. Isto é mau. E, a propósito de mau, abordemos o péssimo. Tome-se o exemplo da alegada agressão de Carlos Queiroz ao comentador Jorge Baptista. Como o compreendo (é, note-se, a única vez em que percebi uma decisão do 'professor' Carlos). Sempre que vejo Jorge Baptista perorar na TV, com profunda desonestidade intelectual, eu próprio o tento agredir. Pelas minhas contas, já me custou 3 LCD. Todavia, e apesar da acção popular tomada – literalmente – em mãos por Queiroz, num qualquer *lounge* de aeroporto, Baptista permanece livre. O que nos traz ao número 3 do artigo: quer um quer outro deveriam ser penalmente responsabilizados e, pelo sim pelo não, esta responsabilidade transmitir--se-ia aos descendentes. Deus nos livre de um Queiroz júnior à frente da selecção, ou de um Baptistazinho armado ao Pacheco Pereira.

Para terminar, e uma vez que o título da presente croniqueta pisca o olho aos cinéfilos, fique claro o vil: gentalha que, sem *spoiler alert*, resolve contar-nos de chofre o final de filmes ou séries de predilecção. Estes indivíduos não merecem, não podem viver em sociedade. Aliás, pergunto: terá este livro sequela? É que dá-me ideia que necessitarei exercer o meu direito fundamental a mudar de opinião. Estes gajos não merecem viver.

LUÍS FILIPE BORGES

ARTIGO 31º
Habeas corpus

1. Haverá habeas corpus contra o abuso de poder, por virtude de prisão ou detenção ilegal, a requerer perante o tribunal competente.

2. A providência de habeas corpus pode ser requerida pelo próprio ou por qualquer cidadão no gozo dos seus direitos políticos.

3. O juiz decidirá no prazo de oito dias o pedido de habeas corpus em audiência contraditória.

Embora eu seja filho de advogado, esclareço que a linguagem jurídica, tanto nas terminologias usadas como na própria formulação das frases, sempre me provocou bastante perturbação e uma consequente confusão.

Sei que o chamado *habeas corpus* constitui algo que pretende de algum modo preservar o direito a práticas da liberdade a que qualquer espírito democrata deve aspirar.

Mas um dos elementos fundamentais da liberdade reside igualmente no direito a vivermos sem o terror opressivo de sermos atacados em termos físicos, económicos ou morais, o que conduz à óbvia conclusão de que aqueles que já tenham provado de forma inequívoca capacidade para matar, roubar, estuprar e outras atitudes semelhantes, não deverão gozar de uma liberdade cívica que lhes abra o caminho para tais práticas.

Simplesmente, na minha modesta opinião, não existem dois casos iguais. Ou seja: se o cabal cumprimento das leis existentes fosse suficiente para que se praticasse uma verdadeira justiça na sociedade em que vivemos, talvez nem sequer precisássemos de juízes.

Ora, parece-me provado que tal não acontece. Precisamos de juízes capazes de fazer cumprir as leis e, mais ainda, também não podemos prescindir de advogados que as saibam lúcida e honestamente interpretar.

O mesmo crime pode ter uma leitura muitíssimo diferente, consoante as circunstâncias em que se verificou e até o estado anímico ou mental de quem o praticou.

Por outro lado, se coarctar a liberdade de alguém apenas com base em suspeitas pode constituir um gravíssimo atentado aos direitos cívicos e morais de um cidadão, também não poderemos excluir que existem figuras cujo perfil e *curriculum* no campo da criminalidade já podem representar um risco iminente para a sociedade, mesmo que haja provas concretas que ainda careçam de uma cabal demonstração.

Mais do que legítimo, parece-me fundamental que se chame a atenção do poder judicial para toda uma série de circunstâncias que até podem constituir excepções capazes de retirar significado a uma regra ou força a uma lei.

E assim, considero lícito que se insista na concessão de um *habeas corpus*, mesmo que a opinião de quem o reclama não seja coincidente com as ideias mais enraizadas no espírito de uma maioria.

Mas a decisão final – espera-se que correcta, embora, muitas vezes, também possa revelar-se errada... – terá sempre que vir de um juiz.

Simplesmente, tal como há crimes que derivam de enganos fatais, os juízes também deverão ser consequentemente julgados pelos erros que cometerem, mesmo que estes não envolvam uma intenção claramente malévola. E temo que essa prática se encontre longe dos horizontes da sociedade democrática em que dizemos viver.

ANTÓNIO VICTORINO D'ALMEIDA

ARTIGO 32º
Garantias de processo criminal

1. *O processo criminal assegura todas as garantias de defesa, incluindo o recurso.*

2. *Todo o arguido se presume inocente até ao trânsito em julgado da sentença de condenação, devendo ser julgado no mais curto prazo compatível com as garantias de defesa.*

3. *O arguido tem direito a escolher defensor e a ser por ele assistido em todos os actos do processo, especificando a lei os casos e as fases em que a assistência por advogado é obrigatória.*

4. *Toda a instrução é da competência de um juiz, o qual pode, nos termos da lei, delegar noutras entidades a prática dos actos instrutórios que se não prendam directamente com os direitos fundamentais.*

5. *O processo criminal tem estrutura acusatória, estando a audiência de julgamento e os actos instrutórios que a lei determinar subordinados ao princípio do contraditório.*

6. *A lei define os casos em que, assegurados os direitos de defesa, pode ser dispensada a presença do arguido ou acusado em actos processuais, incluindo a audiência de julgamento.*

7. *O ofendido tem o direito de intervir no processo, nos termos da lei.*

8. *São nulas todas as provas obtidas mediante tortura, coacção, ofensa da integridade física ou moral da pessoa, abusiva intromissão na vida privada, no domicílio, na correspondência ou nas telecomunicações.*

9. *Nenhuma causa pode ser subtraída ao tribunal cuja competência esteja fixada em lei anterior.*

10. *Nos processos de contra-ordenação, bem como em quaisquer processos sancionatórios, são assegurados ao arguido os direitos de audiência e defesa.*

A melhor forma que encontrei para interpretar este Artigo da Constituição foi colocar-me na situação de arguido. E ninguém está livre de o ser, um dia, fruto de uma qualquer circunstância. Se eu fosse arguido, inocente ou não, seria meu profundo desejo que quem me julgasse nunca o fizesse de forma precipitada, de maneira sumária. Gostaria que apreciasse as minhas razões ou as minhas atenuantes. Penso que é isso que está inscrito no nº 2 deste Artigo: ponderação e reflexão profundas para quem julga porque, no limite, pode ter à sua frente um inocente.

Fica claro para mim, também, que a Constituição, fornece, a quem é constituído arguido, uma série de direitos autónomos, ou específicos, para que ele possa enfrentar as acusações de que é alvo: o direito de se defender, de estar presente nas audiências, de não colaborar, o direito de ser assistido por um advogado, o direito de pedir e de fornecer provas, o direito de recorrer e o direito de saber claramente que acusações lhe são imputadas e todos os instrumentos que tem para se defender.

O Artigo 32º da Constituição é para mim um rio cristalino, não fossem as águas turvas da realidade em que existimos. As minhas interrogações situam-se a jusante da "nascente – Constituição": temos todos acesso, e um acesso igual, a estes direitos se um dia formos constituídos arguidos? Até que ponto a ausência de um tempo razoável para julgar mina estes direitos? Quem torna o processo penal garantista? – quem tem melhores ou piores condições para se defender?

EDUARDA MAIO

ARTIGO 33º
Expulsão, extradição e direito de asilo

1. Não é admitida a expulsão de cidadãos portugueses do território nacional.

2. A expulsão de quem tenha entrado ou permaneça regularmente no território nacional, de quem tenha obtido autorização de residência, ou de quem tenha apresentado pedido de asilo não recusado só pode ser determinada por autoridade judicial, assegurando a lei formas expeditas de decisão.

3. A extradição de cidadãos portugueses do território nacional só é admitida, em condições de reciprocidade estabelecidas em convenção internacional, nos casos de terrorismo e de criminalidade internacional organizada, e desde que a ordem jurídica do Estado requisitante consagre garantias de um processo justo e equitativo.

4. Só é admitida a extradição por crimes a que corresponda, segundo o direito do Estado requisitante, pena ou medida de segurança privativa ou restritiva da liberdade com carácter perpétuo ou de duração indefinida, se, nesse domínio, o Estado requisitante for parte de convenção internacional a que Portugal esteja vinculado e oferecer garantias de que tal pena ou medida de segurança não será aplicada ou executada.

5. O disposto nos números anteriores não prejudica a aplicação das normas de cooperação judiciária penal estabelecidas no âmbito da União Europeia.

6. Não é admitida a extradição, nem a entrega a qualquer título, por motivos políticos ou por crimes a que corresponda, segundo o direito do Estado requisitante, pena de morte ou outra de que resulte lesão irreversível da integridade física.

7. A extradição só pode ser determinada por autoridade judicial.

8. É garantido o direito de asilo aos estrangeiros e aos apátridas perseguidos ou gravemente ameaçados de perseguição, em consequência da sua actividade em favor da democracia, da libertação social e nacional, da paz entre os povos, da liberdade e dos direitos da pessoa humana.

9. A lei define o estatuto do refugiado político.

Ser português não é nem muito bom nem muito mau. Depende. Mas é bom viver num país que tem regras, relativamente claras, para nele se viver. Quando as regras não são claras, é mais tramado. Quando não há regras, o mais forte pode alterá-las consoante lhe der na bolha.

Claro que depois a aplicação das regras, hum, enfim, *tem dias*. Mas uma Constituição serve para isso: é um chapéu-de-chuva. Embora não seja garantia completa, dá algum jeito. Li há muito um provérbio giro: "Se salvas a vida de um homem, ficas responsável por ele". Quer isto dizer que, se não queremos sarilhos, o melhor é estarmos quietinhos? Talvez. Quer também dizer que temos de ser consequentes. *Ajoelhou, vai ter que rezar.* Não são só os cidadãos ou visitantes que têm deveres para com a "Pátria", ela também os tem para connosco. A partir do momento em que alguém cá está, nascido ou visitante, tem deveres mas também tem direitos. E vice-versa. Em Portugal não há pena de morte? Pois então não podemos fechar os olhos e enviar alguém "daqui para fora", sabendo que se arrisca a tal. Mas, repito, Portugal não "é bom". Tem dias, como todos os países. Há não muitos anos, um português meu amigo estava na Alemanha quando Portugal, então não muito frequentável, lhe suspendeu o passaporte e exigiu o regresso, para prisão certa. A Alemanha fez bem em não o devolver, e dar-lhe asilo. Mas isto dá muitas voltas. Não muitos anos antes, tinha Portugal sido santuário para... cidadãos alemães. Hoje ambos os países são decentes q.b., ou seja, "quanto baste", que é como se diz a respeito do sal na comida. Quanto baste não é mau, nada mau, sobretudo para quem já comeu pior que bacalhau.

RUI ZINK

ARTIGO 34º
Inviolabilidade do domicílio e da correspondência

1. O domicílio e o sigilo da correspondência e dos outros meios de comunicação privada são invioláveis.

2. A entrada no domicílio dos cidadãos contra a sua vontade só pode ser ordenada pela autoridade judicial competente, nos casos e segundo as formas previstos na lei.

3. Ninguém pode entrar durante a noite no domicílio de qualquer pessoa sem o seu consentimento, salvo em situação de flagrante delito ou mediante autorização judicial em casos de criminalidade especialmente violenta ou altamente organizada, incluindo o terrorismo e o tráfico de pessoas, de armas e de estupefacientes, nos termos previstos na lei.

4. É proibida toda a ingerência das autoridades públicas na correspondência, nas telecomunicações e nos demais meios de comunicação, salvos os casos previstos na lei em matéria de processo criminal.

Nunca fui dado a ler e se há coisa que me deixa de cara à banda, com triplo queixo e tudo, é a linguagem das leis. Não é que eu ache que a inviolabilidade é a falta de jeito para tocar viola, mas há uma ou duas coisas que eu sei sobre o 34º. A primeira é que, com a vida que eu levo, sempre que entro no domicílio do cidadão tenho de prestar atenção para saber se a casa é mesmo a minha. A segunda é que só entro em casa com a autorização do juiz se o domicílio for o dele e ele me tiver convidado para jantar. Como sou preguiçoso para as leituras, nem me importo que alguém se meta na minha correspondência, que ele há cartas que para mim são chinês e eu nem com pauzinhos sou capaz de as perceber. A parte de só deixar entrar em minha casa quem eu quero é uma boa ideia. Mas nunca ouvi ninguém falar do que custa fazer com que a pessoa que entrou se vá embora. Aconteceu-me com cidadãos e com uma ou outra cidadã, tenho de confessar. Há gente que não percebe uma piada, como aquela em que levamos a malta à varanda, mesmo à beirinha, e perguntamos se gostam de voar ou sofrem de vertigens... A criminalidade lá em casa não me mete muito medo. Um crime grave é eu ser deixado sozinho a cozinhar. Fiz uma vez galinha frita com uma pena suspensa e fui condenado a dois dias de prisão de ventre. Nunca mais tentei a graça. O tráfico de pessoas a conduzir automóveis é um inferno e preocupa-me. Quanto à ameaça terrorista, desde que o meu filho se tornou adulto e estudante universitário que deixei de lhe chamar isso. Gosto de saber que lei é lei, que ela existe e que o 34 não é um autocarro. E sempre que a Justiça precisar de mim, digo logo 'entre, que a casa é sua'. E nem paga bilhete, que a borla é o meu preço certo.

FERNANDO MENDES

ARTIGO 35º
Utilização da informática

1. Todos os cidadãos têm o direito de acesso aos dados informatizados que lhes digam respeito, podendo exigir a sua rectificação e actualização, e o direito de conhecer a finalidade a que se destinam, nos termos da lei.

2. A lei define o conceito de dados pessoais, bem como as condições aplicáveis ao seu tratamento automatizado, conexão, transmissão e utilização, e garante a sua protecção, designadamente através de entidade administrativa independente.

3. A informática não pode ser utilizada para tratamento de dados referentes a convicções filosóficas ou políticas, filiação partidária ou sindical, fé religiosa, vida privada e origem étnica, salvo mediante consentimento expresso do titular, autorização prevista por lei com garantias de não discriminação ou para processamento de dados estatísticos não individualmente identificáveis.

4. É proibido o acesso a dados pessoais de terceiros, salvo em casos excepcionais previstos na lei.

5. É proibida a atribuição de um número nacional único aos cidadãos.

6. A todos é garantido livre acesso às redes informáticas de uso público, definindo a lei o regime aplicável aos fluxos de dados transfronteiras e as formas adequadas de protecção de dados pessoais e de outros cuja salvaguarda se justifique por razões de interesse nacional.

7. Os dados pessoais constantes de ficheiros manuais gozam de protecção idêntica à prevista nos números anteriores, nos termos da lei.

De um modo geral, o Art. 35º da Constituição da República é bastante prudente. Será, talvez, prudente em excesso para estar constitucionalizado da forma que está. À exceção dos parágrafos 1 e 7 (último) não vejo qualquer vantagem em estar plasmado na Lei Fundamental um conjunto de princípios que poderiam e deveriam estar numa lei ordinária. Por exemplo, a proibição de um número único de identificação dos cidadãos, embora seja respeitada no Cartão do Cidadão, não creio que seja operacional num futuro pouco distante. Na verdade, por estranho que nos pareça, se é possível termos um cartão que serve simultaneamente para diversos serviços estatais – BI, número de contribuinte, de utente do SNS, da segurança social e de identificação fiscal – por que não um único número, questão que mais cedo ou mais tarde se colocará. As garantias de acesso e a restrição da utilização da informática, apesar de serem princípios com que pessoalmente concordo, não me parecem próprios para um texto Constitucional que se quer suficientemente aberto para poder acolher diferentes leis, consoante as diferentes necessidades de cada época e sociedade.

HENRIQUE MONTEIRO

ARTIGO 36º
Família, casamento e filiação

1. Todos têm o direito de constituir família e de contrair casamento em condições de plena igualdade.

2. A lei regula os requisitos e os efeitos do casamento e da sua dissolução, por morte ou divórcio, independentemente da forma de celebração.

3. Os cônjuges têm iguais direitos e deveres quanto à capacidade civil e política e à manutenção e educação dos filhos.

4. Os filhos nascidos fora do casamento não podem, por esse motivo, ser objecto de qualquer discriminação e a lei ou as repartições oficiais não podem usar designações discriminatórias relativas à filiação.

5. Os pais têm o direito e o dever de educação e manutenção dos filhos.

6. Os filhos não podem ser separados dos pais, salvo quando estes não cumpram os seus deveres fundamentais para com eles e sempre mediante decisão judicial.

7. A adopção é regulada e protegida nos termos da lei, a qual deve estabelecer formas céleres para a respectiva tramitação.

Como o próprio título do artigo indicia, pretende o legislador neste artigo consagrar princípios fundamentais no trinómio "Família – Casamento – Filiação". Sem pretender aqui opinar sobre questões mais contemporâneas sobre os conceitos de família e casamento, faço contudo questão de relevar o aspecto da filiação, pela sua relevância na responsabilidade que nos assiste de construir hoje a sociedade de amanhã, assente em valores e equilíbrios que se cimentam no ser humano enquanto criança.

Nesse sentido, entendo que o casamento e sobretudo a paternidade / maternidade só devem acontecer quando ambos os membros do casal estão preparados para tal e, acima de tudo, quando ser Pai ou Mãe é o que sincera, consciente e genuinamente **mais** querem na vida.

Na sociedade actual deve-se minimizar ao máximo a componente material, infelizmente tão em voga nos nossos dias, evitando-se comportamentos sociais baseados no "toda a gente o tem / faz", dando-se sim prioridade absoluta ao mais importante para a criança: – "Tempo, amor e atenção". Uma criança que recebe Amor ao longo do seu processo de crescimento fica muito melhor preparada para a vida, com maior auto--estima e com uma "bagagem" de amor para poder transbordar para os outros.

JOÃO LAGOS

ARTIGO 37º
Liberdade de expressão e informação

1. Todos têm o direito de exprimir e divulgar livremente o seu pensamento pela palavra, pela imagem ou por qualquer outro meio, bem como o direito de informar, de se informar e de ser informados, sem impedimentos nem discriminações.

2. O exercício destes direitos não pode ser impedido ou limitado por qualquer tipo ou forma de censura.

3. As infracções cometidas no exercício destes direitos ficam submetidas aos princípios gerais de direito criminal ou do ilícito de mera ordenação social, sendo a sua apreciação respectivamente da competência dos tribunais judiciais ou de entidade administrativa independente, nos termos da lei.

4. A todas as pessoas, singulares ou colectivas, é assegurado, em condições de igualdade e eficácia, o direito de resposta e de rectificação, bem como o direito a indemnização pelos danos sofridos.

Eu, Tu, Ele, todos temos o direito de expressar livremente os nossos pensamentos.

Seja escrevendo, falando, desenhando ou de qualquer outra forma, passar a nossa mensagem, bem como recolher toda a informação que nos rodeia é uma liberdade que nos assiste e por isso não poderemos ser recriminados, repreendidos ou mesmo marginalizados.

Ninguém nos pode ou deve reprovar de o fazer. Este é um nosso direito que a liberdade nos concede.

Mas é também a Liberdade que implica outra responsabilidade e se por algum acaso excedermos ou infringirmos os nossos direitos, existem regras e leis que serão aplicadas e apreciadas pelos diversos organismos competentes.

Deverá ser sempre assegurado a todos os intervenientes a possibilidade do direito à resposta ou rectificação da mensagem expressa, seja ele pessoa singular ou colectiva, havendo também o direito do lesado ser indemnizado pelos danos sofridos.

PEDRO COUCEIRO

ARTIGO 38º
Liberdade de imprensa e meios de comunicação social

1. É garantida a liberdade de imprensa.

2. A liberdade de imprensa implica:

a) A liberdade de expressão e criação dos jornalistas e colaboradores, bem como a intervenção dos primeiros na orientação editorial dos respectivos órgãos de comunicação social, salvo quando tiverem natureza doutrinária ou confessional;

b) O direito dos jornalistas, nos termos da lei, ao acesso às fontes de informação e à protecção da independência e do sigilo profissionais, bem como o direito de elegerem conselhos de redacção;

c) O direito de fundação de jornais e de quaisquer outras publicações, independentemente de autorização administrativa, caução ou habilitação prévias.

3. A lei assegura, com carácter genérico, a divulgação da titularidade e dos meios de financiamento dos órgãos de comunicação social.

4. O Estado assegura a liberdade e a independência dos órgãos de comunicação social perante o poder político e o poder económico, impondo o princípio da especialidade das empresas titulares de órgãos de informação geral, tratando-as e apoiando-as de forma não discriminatória e impedindo a sua concentração, designadamente através de participações múltiplas ou cruzadas.

5. O Estado assegura a existência e o funcionamento de um serviço público de rádio e de televisão.

6. A estrutura e o funcionamento dos meios de comunicação social do sector público devem salvaguardar a sua independência perante o Governo, a Administração e os demais poderes públicos, bem como assegurar a possibilidade de expressão e confronto das diversas correntes de opinião.

7. As estações emissoras de radiodifusão e de radiotelevisão só podem funcionar mediante licença, a conferir por concurso público, nos termos da lei.

Para quem, como eu, privilegia a liberdade acima da vida, causa uma certa mossa a limitação da liberdade de expressão quando a comunicação tiver natureza doutrinária ou confessional. Há uma certa contradição pois todos têm o direito a serem informados sem impedimento nem discriminação. Comunicar exige conhecer. No contexto matizado pela diversidade, podem transmitir-se sentidos casuais ou intencionais, com a liberdade de noticiar sobre factos. Não porque seja proporcionada essa liberdade, mas porque há essa liberdade. A liberdade de imprensa e meios de comunicação social implicam perspectivas de utilização do melhor entendimento num critério de escolha permanente na alternativa das opiniões. A liberdade é indissociável da comunicação como projecto para a pessoa humana, com perspectivas do futuro como terreno de representação do seu humanismo, campo no qual extravasa a conflitualidade das pessoas consigo mesmas e com os outros, geridas por critérios, princípios e leis. A comunicação social implica sobriedade, autodomínio sem alaridos da ordem convencional, e sem temor de a questionar, tudo e sempre no mais profundo respeito pelos outros enquanto vivos ou mortos. Informar implica impedir a ligeireza de observação e superficialidade de apreciação, de forma a evitar conclusões erradas, peremptórias, que não resistam a uma crítica adequada. A problemática do segredo das fontes pode coarctar a liberdade de expressão especialmente em factos divulgados, de nível criminal, com implicações políticas, antes de acusações por quem de direito, o que decorre da liberdade na sua mais plena expressão. O bom senso deverá limitar essa liberdade mas nunca coarctá-la pois ela tem sido fundamental para um controlo social e uma procura de transparência necessária numa sociedade democrática.

JOSÉ PINTO DA COSTA

ARTIGO 39º
Regulação da comunicação social

1. Cabe a uma entidade administrativa independente assegurar nos meios de comunicação social:

a) O direito à informação e a liberdade de imprensa;

b) A não concentração da titularidade dos meios de comunicação social;

c) A independência perante o poder político e o poder económico;

d) O respeito pelos direitos, liberdades e garantias pessoais;

e) O respeito pelas normas reguladoras das actividades de comunicação social; f) A possibilidade de expressão e confronto das diversas correntes de opinião; g) O exercício dos direitos de antena, de resposta e de réplica política.

2. A lei define a composição, as competências, a organização e o funcionamento da entidade referida no número anterior, bem como o estatuto dos respectivos membros, designados pela Assembleia da República e por cooptação destes.

Percebo a preocupação inscrita na Constituição, no art. 39º, sobre a regulação e controlo da liberdade de imprensa. Percebo, mas não acredito. É uma questão de fé. Teria de acreditar na independência absoluta do órgão regulador e não acredito. Teria de acreditar que a tendência crescente para a concentração da comunicação social em três ou quatro grandes grupos económicos era falso e não é. Teria de acreditar que as questões de apoio ao jornalismo, imprensa, rádio, televisões que surgem a nível regional era por forma a garantir a multiplicação da pluralidade e bem sei que nem consigo pôr a hipótese de acreditar. Eu sei que pode parecer uma questão de fé. Mas neste território da regulação para a expansão democrática da liberdade de expressão sou definitivamente ateu. Não acredito. Mas creio na bondade da norma constitucional. É a utopia que abriga o conforto de vivermos numa sociedade livre, democrática e plural. O que dá relevo e importância ao texto constitucional, sobretudo, no que respeita à titularidade de Direitos, Liberdades e Garantias e que é, no meu entender, a parte mais brilhante da nossa Constituição. Pela simples razão de que coloca as balizas essenciais para todas as vitórias alcançadas e para todas as batalhas por vencer pela afirmação da cidadania e da liberdade. Dentro deste conjunto de artigos, o tal, o 39º, fica bem. Para enfeitar. Um dia virá em que essa entidade reguladora seja coisa séria e que mereça mais fé. Até lá!

FRANCISCO MOITA FLORES

ARTIGO 40º
Direitos de antena, de resposta e de réplica política

1. Os partidos políticos e as organizações sindicais, profissionais e representativas das actividades económicas, bem como outras organizações sociais de âmbito nacional, têm direito, de acordo com a sua relevância e representatividade e segundo critérios objectivos a definir por lei, a tempos de antena no serviço público de rádio e de televisão.

2. Os partidos políticos representados na Assembleia da República, e que não façam parte do Governo, têm direito, nos termos da lei, a tempos de antena no serviço público de rádio e televisão, a ratear de acordo com a sua representatividade, bem como o direito de resposta ou de réplica política às declarações políticas do Governo, de duração e relevo iguais aos dos tempos de antena e das declarações do Governo, de iguais direitos gozando, no âmbito da respectiva região, os partidos representados nas Assembleias Legislativas das regiões autónomas.

3. Nos períodos eleitorais os concorrentes têm direito a tempos de antena, regulares e equitativos, nas estações emissoras de rádio e de televisão de âmbito nacional e regional, nos termos da lei.

A obrigatoriedade da transmissão dos chamados "tempos de antena" no serviço público de televisão – leia-se RTP –, no âmbito do Artigo 40º da Constituição da República Portuguesa, constituiu sempre um quebra-cabeças para quem tem a responsabilidade de elaborar o "mapa-tipo" da estação. A questão põe-se a três níveis:

a) Ocupação da antena em horário nobre com informação de interesse quase nulo para a esmagadora maioria dos telespectadores;

b) Isenção, por parte da concorrência, de transmitir este tipo de informação;

c) Quebra inevitável de audiências para a RTP com óbvios prejuízos pois, apesar de se tratar do serviço público de televisão, concorre também numa lógica comercial.

Em contrapartida, nos períodos eleitorais, os "tempos de antena" podem – como já aconteceu – gerar programas de algum interesse e fortalecer as audiências da RTP nesses momentos. Mas esta é a excepção que confirma a regra e só se verifica em duas situações:

a) Em períodos eleitorais particularmente disputados e de resultado incerto;

b) Quando se trata de "tempos de antena" dos principais partidos políticos ou candidatos presidenciais.

Para dar um exemplo, um desses grandes momentos foram os "tempos de antena" de Mário Soares e Freitas do Amaral quando das Eleições Presidenciais de 1986. Mas o exemplo fica por aqui porque nessa altura a RTP estava sozinha no mercado português.

DINA AGUIAR

ARTIGO 41º
Liberdade de consciência, de religião e de culto

1. *A liberdade de consciência, de religião e de culto é inviolável.*

2. *Ninguém pode ser perseguido, privado de direitos ou isento de obrigações ou deveres cívicos por causa das suas convicções ou prática religiosa.*

3. *Ninguém pode ser perguntado por qualquer autoridade acerca das suas convicções ou prática religiosa, salvo para recolha de dados estatísticos não individualmente identificáveis, nem ser prejudicado por se recusar a responder.*

4. *As igrejas e outras comunidades religiosas estão separadas do Estado e são livres na sua organização e no exercício das suas funções e do culto.*

5. *É garantida a liberdade de ensino de qualquer religião praticado no âmbito da respectiva confissão, bem como a utilização de meios de comunicação social próprios para o prosseguimento das suas actividades.*

6. *É garantido o direito à objecção de consciência, nos termos da lei.*

Somos livres de ter a nossa opinião, crença e prática religiosa.

Temos o direito de não praticar actos legalmente impostos se as nossas convicções nos impedirem de os cumprir.

Não devemos, no entanto, ser isentos das nossas obrigações ou deveres cívicos, usar a força ou prejudicar terceiros por causa das nossas convicções.

Assim, não poderemos ser perseguidos, obrigados a responder (a não ser para fins estatísticos e de forma anónima) ou ser castigados por não o fazer, nem sermos privados dos nossos direitos por causa das nossas crenças, convicções ou práticas religiosas.

Todas as comunidades religiosas deverão ser independentes do Estado e livres na sua organização, prática, divulgação e ensino.

SARA TAVARES

ARTIGO 42º
Liberdade de criação cultural

1. *É livre a criação intelectual, artística e científica.*
2. *Esta liberdade compreende o direito à invenção, produção e divulgação da obra científica, literária ou artística, incluindo a protecção legal dos direitos de autor.*

A pessoa tem liberdade para colocar em prática a arte que desenvolveu ou que detém naturalmente. Deve ser livre para expor o resultado da sua criatividade e deter o direito de dar a conhecer aos outros o seu EU através das artes.

Cada EU é único e deve ser reconhecido e respeitado como tal. Mesmo quando eventualmente o seu trabalho é partilhado com os outros, o EU não pode nunca perder a sua identidade e o reconhecimento pela obra que criou, sob o seu ponto de vista e a sua capacidade inventiva.

Sou atleta por convicção. Desde muito cedo me senti com vontade de fazer algo onde me possa divertir e que me obrigue a exigir sempre mais de mim própria. O meu próprio EU e a imagem que as outras pessoas têm do meu trabalho resultam do ênfase com que me empenho para atingir novos limites. O desporto acaba por ser, hoje, de certa forma, uma forma de arte onde tento deixar uma modesta marca que ficará sempre associada, também, ao meu Clube [Sport Lisboa e Benfica] e ao meu País.

TELMA MONTEIRO

ARTIGO 43º
Liberdade de aprender e ensinar
1. É garantida a liberdade de aprender e ensinar.
2. O Estado não pode programar a educação e a cultura segundo quaisquer directrizes filosóficas, estéticas, políticas, ideológicas ou religiosas.
3. O ensino público não será confessional.
4. É garantido o direito de criação de escolas particulares e cooperativas.

A inscrição na Constituição Portuguesa do direito universal de aprender e de ensinar, sem pressões de índole confessional, ideológica, estética ou política, é fundamental para o desenvolvimento cultural e humanístico da população e consagra uma luta longa e errática através da nossa história.

Como sempre haverá que estar atentos e críticos relativamente à aplicação destes nobres princípios, na medida em que desvios oportunísticos são objecto de frequentes tentativas que os poderão subverter.

PEDRO JÓIA

ARTIGO 44º
Direito de deslocação e de emigração

1. A todos os cidadãos é garantido o direito de se deslocarem e fixarem livremente em qualquer parte do território nacional.
2. A todos é garantido o direito de emigrar ou de sair do território nacional e o direito de regressar.

A Ciência assegura a viagem livre pelos territórios do conhecimento. Em todos os espaços, há uma bússola de humanidade que justifica a interacção comunicacional. A liberdade de escolher, de ir, de sentir, de conhecer, de dividir qualquer que seja o pedaço de terra, é semelhante quando o itinerário é o discurso científico. A liberdade de estar em qualquer território, sem o resgate do compromisso, é o estigma da identidade de um país. Sentir que a liberdade começa onde sou e estou, por escolha própria, sem qualquer tipo de constrangimento, é a justificação de uma parte, imensa e intensa, da felicidade, que se vê e se compreende na cartografia da face, todos os dias. E estar, depois de estar, e sentir-se disponível, sem amarras, para aprender a longa viagem da liberdade com os pássaros, é o fascínio irrecusável, de quem sabe, e bem, que não há fronteiras quando o olhar, curioso por dever, avança e leva para contar. Ir e voltar, conjugando os verbos sem atropelar o desejo e a vontade. Quando percorrer os caminhos que encurtam a distância e justificam o abraço, a ousadia sã de ir e voltar, ali ou ainda mais longe, ao fundo do mundo, é a consistência da força da vida e um exercício livre de cidadania. E se a face da identidade é o que somos e onde estamos, o ir e voltar, em plena liberdade de escolha, apela à partilha de experiências, intensas e únicas, e sustenta a origem humana quando o tempo é sempre de herança.

– Vamos?

FREITAS-MAGALHÃES

ARTIGO 45º
Direito de reunião e de manifestação

1. Os cidadãos têm o direito de se reunir, pacificamente e sem armas, mesmo em lugares abertos ao público, sem necessidade de qualquer autorização.
2. A todos os cidadãos é reconhecido o direito de manifestação.

Se «os cidadãos têm o direito de se reunir, pacificamente e sem armas, mesmo em lugares abertos ao público, sem necessidade de qualquer autorização» e se, coerentemente, «a todos os cidadãos é reconhecido o direito de manifestação», por que razão as manifestações públicas precisam de comunicação ao Governo Civil e são consideradas «ilegais» se a não fizermos?

São estas proclamações generosas da Constituição que fazem o cidadão desconfiar da Justiça. É como o anúncio ferroviário: UM COMBOIO PODE ESCONDER OUTRO. Aqui também: o TGV da CONSTITUIÇÃO pode esconder o Alfa pendular da LEI, como o comboio de mercadorias da PORTARIA pode esconder o vagão J do DESPACHO e da CIRCULAR.

Há, enfim, o direito à manifestação – sim, Senhora Democracia! Mas... não foi o Dr. Soares que um dia acrescentou à norma constitucional o direito à indignação? Falasse ele no direito à revolta e abriria as portas ao que esta Constituição ironicamente proíbe: o direito à Revolução.

RITA FERRO

ARTIGO 46º
Liberdade de associação

1. Os cidadãos têm o direito de, livremente e sem dependência de qualquer autorização, constituir associações, desde que estas não se destinem a promover a violência e os respectivos fins não sejam contrários à lei penal.

2. As associações prosseguem livremente os seus fins sem interferência das autoridades públicas e não podem ser dissolvidas pelo Estado ou suspensas as suas actividades senão nos casos previstos na lei e mediante decisão judicial.

3. Ninguém pode ser obrigado a fazer parte de uma associação nem coagido por qualquer meio a permanecer nela.

4. Não são consentidas associações armadas nem de tipo militar, militarizadas ou paramilitares, nem organizações racistas ou que perfilhem a ideologia fascista.

É com orgulho que assinalo a consagração deste artigo e, em especial, a sua enorme significância para as gerações futuras, que, em boa verdade são as de todos nós. A liberdade de associação é uma conquista democrática que muito diz a quem viu os seus sonhos desfeitos, pelo simples facto de não os poder tornar realidade em conjunto com amigos, vizinhos, familiares.

O sonho da minha banda, os The Gift, foi possível porque no nosso tempo, a liberdade dos cidadãos é uma realidade vibrante, e graças a isso podemo-nos juntar quando, conforme e com quem quisermos a experimentar sons, imagens, trocando experiências, lições de vida que tiveram depois influência em tantos outros que ouviram os nossos discos e foram aos nossos espectáculos.

Quando viajamos pela Europa e pelo mundo e nos apresentamos como Portugueses, passamos a imagem de um país moderno, arejado, com expectativa a cumprir, com um destino pela frente que depende da nossa disponibilidade para nos associarmos e vencermos os desafios em conjunto com liberdade, vontade e empenho.

SÓNIA TAVARES

ARTIGO 47º
Liberdade de escolha de profissão e acesso à função pública

1. *Todos têm o direito de escolher livremente a profissão ou o género de trabalho, salvas as restrições legais impostas pelo interesse colectivo ou inerentes à sua própria capacidade.*

2. *Todos os cidadãos têm o direito de acesso à função pública, em condições de igualdade e liberdade, em regra por via de concurso.*

Trata-se de um artigo inserido no Titulo II – "Direitos Liberdades e Garantias" e no Capítulo I, que versa sobre "Direitos, Liberdades e Garantias Pessoais".

É sem dúvida um dos mais nobres capítulos da Constituição da República na medida em que se refere aos Direitos das **pessoas**, enquanto tais. E, entre esses Direitos garante os de "liberdade da escolha da profissão e acesso à função pública". Digamos, pois, que é a mais recente consequência e a mais significativa garantia da abolição da escravatura e do trabalho forçado. Restrições a esses direitos só as "impostas pelo interesse colectivo" ou "inerentes à própria capacidade" do cidadão de que se trate. Esta restrição decorre da natural sobreposição do interesse colectivo ao interesse individual.

No nº 2, esta disposição regula o direito de acesso à função pública. Esse acesso é garantido "em condições de igualdade e liberdade, e em regra por via de concurso". O direito ao concurso é livre e igual. O resultado do concurso é o inerente a todos os concursos: os melhores, os mais competentes para o cargo de que se trate, preferem aos menos competentes e menos qualificados para o cargo de que se trate.

Na prática, é apesar de tudo mais garantido o triunfo num concurso público (Nº 2 do artigo) do que, genericamente, poder aceder à profissão que se prefere.

É que este acesso depende das chamadas condições do mercado de trabalho. E é sabido que este, hoje em dia, oferece aos trabalhadores em geral, menos possibilidades de acesso a determinados postos de trabalho do que seria desejável tendo em conta o número de candidatos a esses postos.

O país e o mundo encontram-se confrontados com uma grave e crescente crise de desemprego que não se resolve só com preceitos constitucionais garantísticos do direito ao trabalho e ao emprego.

É hoje frequente em todo mundo que a procura de emprego supera a oferta, em geral e sobretudo relativamente a postos de trabalho de mais procura que oferta.

Neste momento, a crise económica e financeira que se abateu sobre o mundo, tem agravado, e ameaça continuar a agravar, a crise do emprego. E para resolver as crises económicas não bastam regras constitucionais e medidas políticas.

Tudo leva a crer que a crise do desemprego vai continuar a agravar-se. Isto porque a procura de postos de trabalho vai continuar a aumentar (com o aumento da população, que continua a explodir, com o aumento da esperança de vida e com o reforço da entrada das mulheres no mercado de trabalho) enquanto que a oferta de empregos vai continuar a diminuir (as máquinas inteligentes vão continuar a substituir o trabalho humano à base da inteligência e os robots vão continuar a substituir as operações laborais à base de esforço físico, cada vez mais adestradas gastando só energia e sem cobrarem salário nem invocarem direitos sindicais).

Que isto não reduza o mérito dos direitos fundamentais. Mas que a esperança nesse mérito nos não roube a lucidez para a necessidade de reformas económicas e políticas arrojadas e lúcidas.

MARIA DE JESUS BARROSO SOARES

CAPÍTULO II
DIREITOS, LIBERDADES E GARANTIAS DE PARTICIPAÇÃO POLÍTICA

ARTIGO 48º
Participação na vida pública

1. *Todos os cidadãos têm o direito de tomar parte na vida política e na direcção dos assuntos públicos do país, directamente ou por intermédio de representantes livremente eleitos.*

2. *Todos os cidadãos têm o direito de ser esclarecidos objectivamente sobre actos do Estado e demais entidades públicas e de ser informados pelo Governo e outras autoridades acerca da gestão dos assuntos públicos.*

O artigo 48º declara que:

1 – Todos os portugueses sem discriminação de raça, sexo, credo ou estatuto social, podem participar activamente na vida política do nosso país assim como intervir na tomada de decisão de assuntos que envolvam todos os cidadãos (por exemplo: escolaridade obrigatória, opção de idade de reforma, opção de comprar novos equipamentos para as forças armadas, etc.).

Podem fazê-lo directamente, candidatando-se a cargos públicos nos quais serão os responsáveis por essas decisões, ou indirectamente escolhendo através do voto as pessoas que os representarão.

2 – Todo o cidadão tem direito de ser informado sobre os actos do Estado e de todas as entidades públicas (sobre as tomadas de posição, decisões, leis, etc.). Esta informação deve ser prestada de uma forma objectiva e com uma linguagem suficientemente clara de modo a que seja compreensível pelo cidadão comum. Cabe ao Governo e aos órgãos de gestão de assuntos públicos a disponibilização dessa mesma informação em tempo útil e de modo acessível.

Só um cidadão devidamente informado terá a capacidade de formular opinião e de intervir correctamente na vida pública do país tal como pressupõe o ponto 1.

ELISABETE JACINTO

ARTIGO 49º
Direito de sufrágio

1. Têm direito de sufrágio todos os cidadãos maiores de dezoito anos, ressalvadas as incapacidades previstas na lei geral.

2. O exercício do direito de sufrágio é pessoal e constitui um dever cívico.

Todos os cidadãos têm o direito de tomar partido e ajudar a decidir o futuro do país na idade adulta. É nossa responsabilidade ter uma voz activa no meio que nos rodeia, seja em questões políticas ou sociais. Aliás, enquanto dever cívico, a obrigatoriedade moral de voto deveria ser incutida, através da sensibilização da consciência social colectiva enquanto membros de uma sociedade da qual todos fazemos parte.

CAMANÉ

ARTIGO 50º
Direito de acesso a cargos públicos
1. Todos os cidadãos têm o direito de acesso, em condições de igualdade e liberdade, aos cargos públicos.

2. Ninguém pode ser prejudicado na sua colocação, no seu emprego, na sua carreira profissional ou nos benefícios sociais a que tenha direito, em virtude do exercício de direitos políticos ou do desempenho de cargos públicos.

3. No acesso a cargos electivos a lei só pode estabelecer as inelegibilidades necessárias para garantir a liberdade de escolha dos eleitores e a isenção e independência do exercício dos respectivos cargos.

1. Todos os cidadãos têm o direito de aceder aos cargos públicos e esse acesso far-se-á nas mesmas condições para todos.

2. Ninguém que passe a exercer um cargo público ou político pode perder o emprego, ver interrompida a contagem do tempo de serviço, deixar de progredir na carreira ou ser lesado nos benefícios sociais a que tinha direito antes de ter passado a exercê-lo.

3. Quando os cargos públicos impliquem eleições, a lei só pode estipular que um ou mais indivíduos não se podem candidatar se for óbvio que este ou estes não exercerão o cargo com a necessária isenção ou a sua candidatura puser em causa a liberdade de escolha dos eleitores.

MARIA DO ROSÁRIO PEDREIRA

ARTIGO 51º
Associações e partidos políticos

1. A liberdade de associação compreende o direito de constituir ou participar em associações e partidos políticos e de através deles concorrer democraticamente para a formação da vontade popular e a organização do poder político.

2. Ninguém pode estar inscrito simultaneamente em mais de um partido político nem ser privado do exercício de qualquer direito por estar ou deixar de estar inscrito em algum partido legalmente constituído.

3. Os partidos políticos não podem, sem prejuízo da filosofia ou ideologia inspiradora do seu programa, usar denominação que contenha expressões directamente relacionadas com quaisquer religiões ou igrejas, bem como emblemas confundíveis com símbolos nacionais ou religiosos.

4. Não podem constituir-se partidos que, pela sua designação ou pelos seus objectivos programáticos, tenham índole ou âmbito regional.

5. Os partidos políticos devem reger-se pelos princípios da transparência, da organização e da gestão democráticas e da participação de todos os seus membros.

6. A lei estabelece as regras de financiamento dos partidos políticos, nomeadamente quanto aos requisitos e limites do financiamento público, bem como às exigências de publicidade do seu património e das suas contas.

Este artigo da Constituição assume particular relevância num tempo em que os partidos políticos atravessam um processo de descredibilização – não só em Portugal, aliás. Recorda-nos que o fundamento da democracia reside na associação dos cidadãos de acordo com princípios ideológicos de organização e gestão da vida pública tendo em vista o bem comum. Seria útil que a expressão «bem comum» estivesse inscrita na definição dos partidos políticos, embora a proibição de partidos regionais pressuponha isso mesmo: que aquilo que justifica a existência de um partido é a existência de um projecto nacional e não a obtenção de privilégios para regiões ou grupos determinados. Penso que a União Europeia devia contemplar a criação de partidos europeus, que lhe dariam uma muito maior força, interna e externa. Neste momento a Europa funciona por famílias políticas, entidades demasiado distantes, burocráticas e pouco mobilizadoras. A transparência dos financiamentos e contas partidárias, enunciada de um modo vago pela Lei Fundamental, não tem sido contemplada com rigor na legislação complementar do País, o que contribui para a desconfiança do cidadão comum. A contabilidade partidária deveria estar, na sua totalidade e em permanência, sujeita a escrutínio público.

O medo da mudança, a fragilidade do tecido empresarial português e o tradicional peso do Estado na Economia criou gerações de militantes partidários sem convicções nem intervenção cívica, gente que se inscreve nos partidos na esperança de conseguir um emprego – ou para, supostamente, não perder o emprego. Sugeriria que este – como outros – artigos da Constituição fossem afixados, de modo visível, nos organismos de serviço público, de forma a que os portugueses aprendessem a reflectir sobre eles e fossem ganhando essa consciência cívica e participativa que é uma das maiores carências nacionais.

INÊS PEDROSA

ARTIGO 52º
Direito de petição e direito de acção popular

1. *Todos os cidadãos têm o direito de apresentar, individual ou colectivamente, aos órgãos de soberania, aos órgãos de governo próprio das regiões autónomas ou a quaisquer autoridades petições, representações, reclamações ou queixas para defesa dos seus direitos, da Constituição, das leis ou do interesse geral e, bem assim, o direito de serem informados, em prazo razoável, sobre o resultado da respectiva apreciação.*
2. *A lei fixa as condições em que as petições apresentadas colectivamente à Assembleia da República e às Assembleias Legislativas das regiões autónomas são apreciadas em reunião plenária.*
3. *É conferido a todos, pessoalmente ou através de associações de defesa dos interesses em causa, o direito de acção popular nos casos e termos previstos na lei, incluindo o direito de requerer para o lesado ou lesados a correspondente indemnização, nomeadamente para:*
a) Promover a prevenção, a cessação ou a perseguição judicial das infracções contra a saúde pública, os direitos dos consumidores, a qualidade de vida, a preservação do ambiente e do património cultural;
b) Assegurar a defesa dos bens do Estado, das regiões autónomas e das autarquias locais.

– Normalmente refilamos, mas não nos queixamos...
– Quantas vezes nos sentimos injustamente tratados, mas nada fazemos...
– Muitas vezes sabemos que temos razão, mas nem reclamamos...
Isto, deve-se muito, à falta de informação que temos sobre os nossos direitos. Saber dos nossos direitos é um dever, porque nos ajuda a:
– Sermos mais justos com quem nos rodeia;
– Sabermos quando e como devemos exercer o nosso dever de cidadania;
– Sabermos melhor, como proteger, defender e ajudar a criar, uma sociedade melhor e mais justa, para nós e para as próximas gerações.
Como cidadão tenho o direito de apresentar petições, representações, reclamações ou queixas, para defesa dos meus direitos.

Como cidadão, também tenho a obrigação de promover a prevenção para a saúde pública, os direitos dos consumidores, a qualidade de vida, a preservação do ambiente e do património cultural.

Como cidadão tenho o direito e a obrigação de saber dos meus direitos.

ZÉ PEDRO

CAPÍTULO III
DIREITOS, LIBERDADES E GARANTIAS DOS TRABALHADORES

ARTIGO 53º
Segurança no emprego

É garantida aos trabalhadores a segurança no emprego, sendo proibidos os despedimentos sem justa causa ou por motivos políticos ou ideológicos.

Olho para este artigo e penso na vida. Dá-me para isso. Imaginemos a seguinte formulação: "É garantida aos homens a segurança na existência, sendo proibidas as tragédias sem justa causa ou por motivos políticos ou ideológicos". A vida, mesmo a precária em que cada vez mais vivemos (com cada vez mais insegurança nas relações e nos sonhos, quase todos a recibo verde), também merece a sua segurança, a sua consistência. Uma pessoa também devia poder apelar para o Tribunal Europeu dos Direitos do Homem em protesto quando uma relação amorosa termina de um momento para o outro, sem que nos dêem um prazo para procurar uma nova. Já para não falar num subsídio de desempregado amoroso, uma necessidade urgente de muito cidadão que anda por aí aos soluços e aos caídos. Mas, passando o sublinhado vagamente existencialista, fixemo-nos então no trabalho. No trabalhinho em que se cumpre uma boa parte da nossa vida e que suporta uma data de ambições que temos para nós e para os nossos. O trabalho de facto merece segurança. Eu – e é importante que nestas coisas se conte a experiência pessoal – já tive por duas vezes essa segurança. E acabei por me despedir com justa causa: por querer pisar outros territórios e por achar que já não acrescentava nadinha às empresas de que era funcionário. Mas já vi de perto algumas situações em que houve despedimentos com base em causas pouco claras – num deles, o "enviado para casa", depois de tanto ter dado à empresa, foi mandado embora logo após ter sido operado a um cancro. Também já vi profissionais de grande mérito serem despedidos de empresas em que eram claramente mais-valias sob o ponto de vista comercial – sim, não vislumbrei nenhuma "justa causa" no processo todo. Portanto, já vi muita coisa – eu e toda a gente. A questão do despedimento por motivos políticos ou ideológicos, essa, não deixa de ter um lado quase patético. É como mandar para fora de casa um filho que não é do clube do pai. Como dizer à Kátia que não haverá casório porque ela gosta de ver a Fátima Lopes e o Zé Nando prefere ver o Goucha. Tenhamos, pois, juízo na cachimónia. E saibamos, com bom senso, preservar os nossos magnos direitos – aqueles que, como a beleza no caso da Cristina, são mesmo fundamentais.

NUNO COSTA SANTOS

ARTIGO 54º
Comissões de trabalhadores

1. É direito dos trabalhadores criarem comissões de trabalhadores para defesa dos seus interesses e intervenção democrática na vida da empresa.

2. Os trabalhadores deliberam a constituição, aprovam os estatutos e elegem, por voto directo e secreto, os membros das comissões de trabalhadores.

3. Podem ser criadas comissões coordenadoras para melhor intervenção na reestruturação económica e por forma a garantir os interesses dos trabalhadores.

4. Os membros das comissões gozam da protecção legal reconhecida aos delegados sindicais.

5. Constituem direitos das comissões de trabalhadores:

a) Receber todas as informações necessárias ao exercício da sua actividade;

b) Exercer o controlo de gestão nas empresas;

c) Participar nos processos de reestruturação da empresa, especialmente no tocante a acções de formação ou quando ocorra alteração das condições de trabalho;

d) Participar na elaboração da legislação do trabalho e dos planos económico-sociais que contemplem o respectivo sector;

e) Gerir ou participar na gestão das obras sociais da empresa;

f) Promover a eleição de representantes dos trabalhadores para os órgãos sociais de empresas pertencentes ao Estado ou a outras entidades públicas, nos termos da lei.

Em relação a este artigo apenas me oferece fazer comentários ao seu ponto 5.

Assim:

a) Receber todas as informações necessárias ao exercício da sua actividade;

É um ponto com um grau de subjectividade enorme. Sugestões: Aceder a toda a informação interna da empresa de carácter económico--financeiro, social, e organizacional.

b) Exercer o controlo da gestão nas empresas;

Não deveria constar este ponto. Em nenhuma empresa do mundo se dará o controlo de gestão da empresa à comissão de trabalhadores. É utópico. No máximo o que se poderá dar como direito é a participação no sistema interno de controlo de gestão com responsabilidades na negociação do plano de prémios e incentivos.

c) Participar nos processos de reestruturação da empresa, especialmente no tocante a acções de formação ou quando ocorra alteração das condições de trabalho;

Os processos de reestruturação de empresa são decididos pelos conselhos de administração das empresas, pelo que será um ponto bastante difícil de aprovar... Na minha opinião colocaria um ponto que reflectisse o direito a acompanhar o plano de diagnóstico e formação internos a fim de verificar a adequação das necessidades de formação à realidade empresarial.

d) Participar na elaboração da legislação do trabalho e dos planos económico-sociais;

Muito vago. Em que âmbito? Sugiro que se aplique o exposto a determinados requisitos impostos por lei. A grande parte das empresas portuguesas não tem planos económico-sociais. A legislação do trabalho é constituída por um vasto conjunto de diplomas que muitas vezes carecem de aplicação prática. Sugestão. A comissão de trabalhadores tem direito a participar na aprovação do orçamento anual da empresa. Desta forma e dado que no orçamento estão contemplados os investimentos de carácter social, penso que será mais eficaz legislar neste sentido que contemplem o respectivo sector.

RICARDO ANDORINHO

ARTIGO 55º
Liberdade sindical

1. É reconhecida aos trabalhadores a liberdade sindical, condição e garantia da construção da sua unidade para defesa dos seus direitos e interesses.

2. No exercício da liberdade sindical é garantido aos trabalhadores, sem qualquer discriminação, designadamente:

a) A liberdade de constituição de associações sindicais a todos os níveis;

b) A liberdade de inscrição, não podendo nenhum trabalhador ser obrigado a pagar quotizações para sindicato em que não esteja inscrito;

c) A liberdade de organização e regulamentação interna das associações sindicais;

d) O direito de exercício de actividade sindical na empresa;

e) O direito de tendência, nas formas que os respectivos estatutos determinarem.

3. As associações sindicais devem reger-se pelos princípios da organização e da gestão democráticas, baseados na eleição periódica e por escrutínio secreto dos órgãos dirigentes, sem sujeição a qualquer autorização ou homologação, e assentes na participação activa dos trabalhadores em todos os aspectos da actividade sindical.

4. As associações sindicais são independentes do patronato, do Estado, das confissões religiosas, dos partidos e outras associações políticas, devendo a lei estabelecer as garantias adequadas dessa independência, fundamento da unidade das classes trabalhadoras.

5. As associações sindicais têm o direito de estabelecer relações ou filiar-se em organizações sindicais internacionais.

6. Os representantes eleitos dos trabalhadores gozam do direito à informação e consulta, bem como à protecção legal adequada contra quaisquer formas de condicionamento, constrangimento ou limitação do exercício legítimo das suas funções.

A Constituição da República Portuguesa consagra um conjunto de direitos fundamentais, entre os quais a liberdade sindical, que permite aos trabalhadores a defesa dos seus direitos e interesses.

Assim, os trabalhadores podem formar uma associação sindical que os proteja. Hoje em dia, as associações sindicais constituem uma importante voz nos diversos sectores da sociedade, sendo notório o seu impacto na melhoria das condições dos trabalhadores.

Se eu fosse um piloto de Fórmula 1, poderia pertencer ao chamado "Grand Prix Driver's Association", uma associação criada nos anos 60 que visa a melhoria das condições de segurança dos pilotos. Desta forma, eu juntaria a minha voz à dos restantes pilotos na defesa dos meus interesses.

Adaptando o dito popular: "Se um trabalhador incomoda muita gente, muitos trabalhadores incomodam muito mais!".

FILIPE ALBUQUERQUE

ARTIGO 56º
Direitos das associações sindicais e contratação colectiva

1. *Compete às associações sindicais defender e promover a defesa dos direitos e interesses dos trabalhadores que representem.*

2. *Constituem direitos das associações sindicais:*

a) Participar na elaboração da legislação do trabalho;

b) Participar na gestão das instituições de segurança social e outras organizações que visem satisfazer os interesses dos trabalhadores;

c) Pronunciar-se sobre os planos económico-sociais e acompanhar a sua execução;

d) Fazer-se representar nos organismos de concertação social, nos termos da lei;

e) Participar nos processos de reestruturação da empresa, especialmente no tocante a acções de formação ou quando ocorra alteração das condições de trabalho.

3. *Compete às associações sindicais exercer o direito de contratação colectiva, o qual é garantido nos termos da lei.*

4. *A lei estabelece as regras respeitantes à legitimidade para a celebração das convenções colectivas de trabalho, bem como à eficácia das respectivas normas.*

Numa sociedade que se quer justa, moderna e defensora dos direitos fundamentais, é louvável a existência de associações sindicais para defender, de forma inabalável e enérgica, os direitos e interesses dos trabalhadores. Os portugueses em geral, são muito solidários mas pouco participativos na defesa dos seus direitos e interesses. Deixam quase sempre para amanhã, aquilo que podiam e deveriam fazer hoje. Preferem que sejam os outros a defendê-los: "Vão andando, que eu depois vou lá ter".

O papel das associações sindicais é mobilizar, apresentar propostas, preencher lacunas, defender, fiscalizar e garantir os interesses dos trabalhadores.

Felizmente que a Constituição da República Portuguesa nos consagra o direito à existência das associações sindicais e a intransigente defesa dos trabalhadores. A lei estabelece regras e o trabalhador cumpre. Haja é trabalho.

Viva a Constituição! Viva a República! E já agora, Viva a Comédia!

FERNANDO ROCHA

ARTIGO 57º
Direito à greve e proibição do lock-out

1. *É garantido o direito à greve.*
2. *Compete aos trabalhadores definir o âmbito de interesses a defender através da greve, não podendo a lei limitar esse âmbito.*
3. *A lei define as condições de prestação, durante a greve, de serviços necessários à segurança e manutenção de equipamentos e instalações, bem como de serviços mínimos indispensáveis para ocorrer à satisfação de necessidades sociais impreteríveis.*
4. *É proibido o lock-out.*

O *direito à greve* é hoje, em Portugal, constitucionalmente garantido.

Na verdade, o facto de a Constituição da República Portuguesa incluir o *direito à greve* na Parte relativa aos Direitos fundamentais, significa que lhe é reconhecido um importante papel no Estado de Direito que consagra o valor da dignidade humana como pilar em que se funda a Democracia.

Corolário dos direitos ao trabalho e à participação cívica, o *direito à greve* surge como forma de pressão dos trabalhadores sobre as entidades patronais para obtenção de melhores salários, de maior protecção social ou de condições de trabalho mais dignas. Existem, porém, situações em que, durante a greve, terão de ser garantidos serviços mínimos, sempre que estejamos perante actividades consideradas indispensáveis numa sociedade que pretende assegurar necessidades essenciais ao bem-estar dos seus membros, sendo disso exemplo os serviços de saúde, em que os profissionais, caso adiram à greve, devem fazer planos rigorosos, por forma a não causar prejuízos aos utentes. Simultaneamente, porque se reconhece aos trabalhadores uma maior vulnerabilidade, entende-se que às entidades patronais está vedado o *lock out*, que consiste em impedir os trabalhadores de exercer as suas funções, fechando as portas e inviabilizando-os de aceder ao seu local de trabalho.

Em suma, este é um artigo que reconhece um importante direito, mas que apela à responsabilidade de todos na construção de uma sociedade mais humana, mais justa e solidária.

MANUELA RAMALHO EANES

TÍTULO III
DIREITOS E DEVERES ECONÓMICOS, SOCIAIS E CULTURAIS
CAPÍTULO I
DIREITOS E DEVERES ECONÓMICOS

ARTIGO 58º
Direito ao trabalho

1. Todos têm direito ao trabalho.

2. Para assegurar o direito ao trabalho, incumbe ao Estado promover:

a) A execução de políticas de pleno emprego;

b) A igualdade de oportunidades na escolha da profissão ou género de trabalho e condições para que não seja vedado ou limitado, em função do sexo, o acesso a quaisquer cargos, trabalho ou categorias profissionais;

c) A formação cultural e técnica e a valorização profissional dos trabalhadores.

Se ao Estado compete promover trabalho, que ónus terá para si o cidadão?

Os tempos que vivemos mostraram uma vez mais que o Estado não pode nem consegue empregar a quantidade de cidadãos que tem a seu cargo.

Cresci numa vila pequena do interior de Portugal e não poucas vezes ouvia conselhos dos mais velhos que me incitavam a arranjar um emprego no Estado, garantindo com isso o meu futuro. Não será esta forma de pensar, a culpada da despesa do Estado absorver metade do seu orçamento?

Se cabe ao Estado promover o pleno emprego, não caberá a todos nós o empreendedorismo? Terá ou não o cidadão a obrigação de criar o seu próprio emprego ao invés de esperar que o Estado lho crie?

Ao Estado compete regular a exclusão, promover a educação, mas acima de tudo apoiar e promover formas dos cidadãos investirem nas suas ideias. A economia de um país assenta na capacidade de trabalho do seu povo mas acima de tudo em projectos inovadores e rentáveis. A nossa economia tem vivido à volta de investimentos passivos, faltam-nos ideias activas e apoios às mesmas.

A única coisa boa que esta crise nos trouxe foi a revelação de que não somos nós que dependemos do Estado, mas o contrário. Até porque o Estado somos todos nós.

NILTON

ARTIGO 59º
Direitos dos trabalhadores

1. *Todos os trabalhadores, sem distinção de idade, sexo, raça, cidadania, território de origem, religião, convicções políticas ou ideológicas, têm direito:*

a) À retribuição do trabalho, segundo a quantidade, natureza e qualidade, observando-se o princípio de que para trabalho igual salário igual, de forma a garantir uma existência condigna;

b) A organização do trabalho em condições socialmente dignificantes, de forma a facultar a realização pessoal e a permitir a conciliação da actividade profissional com a vida familiar;

c) A prestação do trabalho em condições de higiene, segurança e saúde;

d) Ao repouso e aos lazeres, a um limite máximo da jornada de trabalho, ao descanso semanal e a férias periódicas pagas;

e) À assistência material, quando involuntariamente se encontrem em situação de desemprego;

f) A assistência e justa reparação, quando vítimas de acidente de trabalho ou de doença profissional.

2. *Incumbe ao Estado assegurar as condições de trabalho, retribuição e repouso a que os trabalhadores têm direito, nomeadamente:*

a) O estabelecimento e a actualização do salário mínimo nacional, tendo em conta, entre outros factores, as necessidades dos trabalhadores, o aumento do custo de vida, o nível de desenvolvimento das forças produtivas, as exigências da estabilidade económica e financeira e a acumulação para o desenvolvimento;

b) A fixação, a nível nacional, dos limites da duração do trabalho;

c) A especial protecção do trabalho das mulheres durante a gravidez e após o parto, bem como do trabalho dos menores, dos diminuídos e dos que desempenhem actividades particularmente violentas ou em condições insalubres, tóxicas ou perigosas;

d) O desenvolvimento sistemático de uma rede de centros de repouso e de férias, em cooperação com organizações sociais;

e) A protecção das condições de trabalho e a garantia dos benefícios sociais dos trabalhadores emigrantes;

f) A protecção das condições de trabalho dos trabalhadores estudantes.

3. *Os salários gozam de garantias especiais, nos termos da lei.*

O artigo 59º da CRP consagra um conjunto não homogéneo de direitos dos trabalhadores com dignidade constitucional, em que alguns deles têm natureza de direitos, liberdades e garantias, com a inerente garantia. Nesta norma se consagra o princípio da igualdade, na sua vertente negativa da não discriminação; o princípio da igualdade da retribuição (segundo a quantidade, natureza e qualidade) do trabalho; o direito à organização do trabalho em condições dignificantes; o direito à higiene e segurança nas condições de trabalho; o direito ao repouso, que abrange um máximo de horas por jornada de trabalho e direito a férias pagas; o direito ao subsídio de desemprego (como compensação pela não satisfação do direito ao emprego que todos temos); o direito a assistência e reparação nos acidentes e na doença profissional; e a supra-graduação dos créditos salariais dos trabalhadores sobre outros créditos.

Por outro lado, a norma cria uma série de imposições directas ao Estado: a da fixação de um salário mínimo nacional actualizado; a da fixação de uma limitação nacional para a duração do trabalho; a da obrigação de consagrar discriminações legais positivas quanto a trabalhadores em situação de inferioridade (grávidas, menores, diminuídos...) ou em situação especial (emigrantes, trabalhadores- estudantes) ou que prestam o trabalho em precárias ou difíceis condições; por último, a obrigação de criação de centros de repouso e férias.

No actual momento que vivemos na sociedade portuguesa, estamos perante um artigo muito importante para o mundo do trabalho, a propósito do qual se produzirá muita discussão nos próximos anos.

JOÃO MARCELINO

ARTIGO 60º
Direitos dos consumidores

1. Os consumidores têm direito à qualidade dos bens e serviços consumidos, à formação e à informação, à protecção da saúde, da segurança e dos seus interesses económicos, bem como à reparação de danos.

2. A publicidade é disciplinada por lei, sendo proibidas todas as formas de publicidade oculta, indirecta ou dolosa.

3. As associações de consumidores e as cooperativas de consumo têm direito, nos termos da lei, ao apoio do Estado e a ser ouvidas sobre as questões que digam respeito à defesa dos consumidores, sendo-lhes reconhecida legitimidade processual para defesa dos seus associados ou de interesses colectivos ou difusos.

Este artigo trata da satisfação do próprio consumidor. Do seu direito à escolha de poder consumir, trocar ou devolver. A formação é fundamental para o nosso conhecimento e para que tomemos a decisão quanto ao produto ou produtos que devemos adquirir para consumo próprio ou para partilhar com a família e amigos. A informação complementa a nossa formação e conhecimento quanto às necessidades e prioridades. Ajuda-nos a decidir e a optar. Penso que, neste aspecto, o consumidor está muito melhor informado, houve uma evolução nesse sentido. Podemos utilizar o nosso conhecimento no acesso ao produto, visando sempre uma melhoria da qualidade de vida.

Ainda bem que a publicidade é regulada. Não existirem regras pode levar ao perigo de nos tornarmos consumidores em excesso. Principalmente se não tivermos boa informação e formação.

É justo ainda que esteja consignado e legislado o direito ao consumidor de se defender, individualmente ou em grupo, em qualquer situação em que se sinta lesado.

VANESSA FERNANDES

ARTIGO 61º
Iniciativa privada, cooperativa e autogestionária

1. A iniciativa económica privada exerce-se livremente nos quadros definidos pela Constituição e pela lei e tendo em conta o interesse geral.

2. A todos é reconhecido o direito à livre constituição de cooperativas, desde que observados os princípios cooperativos.

3. As cooperativas desenvolvem livremente as suas actividades no quadro da lei e podem agrupar-se em uniões, federações e confederações e em outras formas de organização legalmente previstas.

4. A lei estabelece as especificidades organizativas das cooperativas com participação pública.

5. É reconhecido o direito de autogestão, nos termos da lei.

1 – Através do artigo 61º a Constituição assegura a todo o cidadão o direito a, por si só e livremente, desenvolver uma actividade económica. A isto chamar-se-ia hoje, numa linguagem não-técnica, a liberdade de empreendedorismo.

2 – Este direito parece só poder ser limitado pelo interesse geral. Quer isto dizer que sendo a actividade económica uma actividade que implica interacção entre pessoas, em que umas produzem bens ou serviços para o mercado, e as outras se dispõem a pagar estes bens ou serviços, as únicas limitações parecem ser aquelas que derivam da prevenção de lesão de valores fundamentais dos outros.

Um exemplo: se eu quiser desenvolver uma actividade económica que possa fazer perigar a vida ou saúde dos outros, (a produção de alimentos, uma empresa de prestação de serviços de saúde, uma empresa de transportes) essa actividade deve ser condicionada.

3 – Muitas vezes, a iniciativa económica privada assenta na utilização da propriedade privada para o desenvolvimento dessa actividade. Porque eu sou proprietário de bens ou dinheiro, a Constituição garante-me que posso exercer com eles uma actividade produtiva privada.

4 – Este artigo, feito num momento de grande viragem político-económica, quis dar relevo à possibilidade de essa iniciativa económica ser

levada a cabo por particulares sob a forma de cooperativas; que são uma espécie de organização em que os capitalistas e os trabalhadores são as mesmas pessoas. À data da feitura da Constituição, havia uma espécie de terceira via entre aquilo que se designou por capitalismo e socialismo. Essa terceira via era constituída pela auto-gestão e pelas formas cooperativas de organização económica. Daí que a Constituição se preocupasse em garantir, também, essa terceira via.

ANABELA MOTA RIBEIRO

ARTIGO 62º
Direito de propriedade privada

1. A todos é garantido o direito à propriedade privada e à sua transmissão em vida ou por morte, nos termos da Constituição.

2. A requisição e a expropriação por utilidade pública só podem ser efectuadas com base na lei e mediante o pagamento de justa indemnização.

O artigo 62º da Constituição consagra um direito que, embora amplamente reconhecido na maior parte das sociedades actuais, representa de facto uma conquista central da evolução da filosofia e do pensamento político. O direito à propriedade privada representa um reconhecimento da dignidade do ser humano e do seu direito a deter e transmitir riqueza e é uma característica central de todos os modernos sistemas sociais, indispensável a um funcionamento eficiente da sociedade. Já Aristóteles advogava que a existência de propriedade privada era uma condição indispensável para o desenvolvimento de riqueza, uma posição que não deixou de ganhar argumentos ao longo da história, culminando na evidência trazida pelas muito recentes e fracassadas experiências com sistemas políticos que renegam ou subestimam a importância deste direito. A importância das disposições deste artigo sai ainda mais reforçada pelo entendimento recente de que, numa economia global, potenciada pelas modernas tecnologias de informação, comunicação e transportes, apenas sistemas político-económicos que recompensem materialmente o engenho, o esforço e o empenho individuais poderão prosperar e sobreviver. Este artigo representa assim, apesar da sua simplicidade e consensualidade, uma importante marca de modernidade e humanidade na Constituição da República Portuguesa.

ARLINDO OLIVEIRA

CAPÍTULO II
DIREITOS E DEVERES SOCIAIS

ARTIGO 63º
Segurança social e solidariedade

1. Todos têm direito à segurança social.

2. Incumbe ao Estado organizar, coordenar e subsidiar um sistema de segurança social unificado e descentralizado, com a participação das associações sindicais, de outras organizações representativas dos trabalhadores e de associações representativas dos demais beneficiários.

3. O sistema de segurança social protege os cidadãos na doença, velhice, invalidez, viuvez e orfandade, bem como no desemprego e em todas as outras situações de falta ou diminuição de meios de subsistência ou de capacidade para o trabalho.

4. Todo o tempo de trabalho contribui, nos termos da lei, para o cálculo das pensões de velhice e invalidez, independentemente do sector de actividade em que tiver sido prestado.

5. O Estado apoia e fiscaliza, nos termos da lei, a actividade e o funcionamento das instituições particulares de solidariedade social e de outras de reconhecido interesse público sem carácter lucrativo, com vista à prossecução de objectivos de solidariedade social consignados, nomeadamente, neste artigo, na alínea b) do nº 2 do artigo 67º, no artigo 69º, na alínea e) do nº 1 do artigo 70º e nos artigos 71º e 72º.

"BOAS VONTADES"

Em Outubro de 2000, uma grande-reportagem sobre a (então) nova vaga de imigração de Leste em Portugal, leva-me ao Hospital do Barlavento Algarvio. Sou apresentado a Nicolae Operea: um Moldavo, então com 36 anos, que uma queda tinha deixado há vários meses tetraplégico.

Ele dizia que tinha sido um mergulho mal dado numa praia; mas todos à volta suspeitavam que tivesse sido pura e simplesmente empurrado de um terceiro ou quarto andar da obra onde era pedreiro (por um qualquer elemento das famosas máfias de Leste).

Nunca ninguém soube a verdade. Contudo, fosse ela qual fosse, Nicolae estava só e abandonado numa cama de hospital: não tinha amigos nem qualquer familiar por perto; tinha quando muito uma sessão semanal de fisioterapia; não sabia da família; nem a mulher nem os filhos, na Moldávia, o sabiam vivo ou morto. Nicolae era um imigrante clandestino, a quem o Estado Português tinha negado um visto de entrada; e para quem, agora, também não encontrava (outra) saída senão deixá-lo ali, naquela espécie de "asilo" ou "exílio" – igualmente clandestino, igualmente silenciado.

A emissão da reportagem, na SIC, em Janeiro de 2001, comoveu todo o país; vieram ajudas de Norte a Sul: dinheiro, tratamentos e até ofertas de habitação para a família. Mas os auxílios... eram todos de particulares. De organismos estatais... nada!

Durante dias e noites a fio, os telefones da Redacção da SIC e do Hospital de Lagos não pararam de tocar. De repente, um jornalista e duas enfermeiras estavam transformados numa espécie de assistentes sociais, tinham em mãos o que lhes parecia ser a possibilidade de mudar uma vida. Alguma intervenção do Estado na gestão deste processo? Nada. Zero.

Nem a atender telefonemas, nem a localizar ou dar apoio à família que, entretanto conseguiu vir para Portugal. Nicolae, a mulher e os dois filhos foram viver para uma povoação, perto de Fátima, acolhidos por uma família aparentemente "sensibilizada" pela situação. Alguma ajuda do Estado? Nada, zero!

As crianças começaram a frequentar a escola, por favor da directora; a mulher nunca arranjou trabalho e vivia na dependência do casal que a acolheu; Nicolae passou apenas de uma cama para uma cadeira de rodas. Alguma ajuda do Estado nesta nova fase de vida? Nada. Zero.

A família decidiu regressar à Moldávia. Nicolae morreu uns meses depois, com uma simples infecção urinária. O Estado Português deu-lhe apenas o artigo 63º. Nicolae nunca o leu. Eu li, mas mal entendi. Tudo o resto foram só "boas-vontades".

AUGUSTO MADUREIRA

ARTIGO 64º
Saúde

1. *Todos têm direito à protecção da saúde e o dever de a defender e promover.*

2. *O direito à protecção da saúde é realizado:*

a) Através de um serviço nacional de saúde universal e geral e, tendo em conta as condições económicas e sociais dos cidadãos, tendencialmente gratuito;

b) Pela criação de condições económicas, sociais, culturais e ambientais que garantam, designadamente, a protecção da infância, da juventude e da velhice, e pela melhoria sistemática das condições de vida e de trabalho, bem como pela promoção da cultura física e desportiva, escolar e popular, e ainda pelo desenvolvimento da educação sanitária do povo e de práticas de vida saudável.

3. *Para assegurar o direito à protecção da saúde, incumbe prioritariamente ao Estado:*

a) Garantir o acesso de todos os cidadãos, independentemente da sua condição económica, aos cuidados da medicina preventiva, curativa e de reabilitação;

b) Garantir uma racional e eficiente cobertura de todo o país em recursos humanos e unidades de saúde;

c) Orientar a sua acção para a socialização dos custos dos cuidados médicos e medicamentosos;

d) Disciplinar e fiscalizar as formas empresariais e privadas da medicina, articulando-as com o serviço nacional de saúde, por forma a assegurar, nas instituições de saúde públicas e privadas, adequados padrões de eficiência e de qualidade;

e) Disciplinar e controlar a produção, a distribuição, a comercialização e o uso dos produtos químicos, biológicos e farmacêuticos e outros meios de tratamento e diagnóstico;

f) Estabelecer políticas de prevenção e tratamento da toxicodependência.

4. *O serviço nacional de saúde tem gestão descentralizada e participada.*

O direito à saúde tendencialmente gratuita é das maiores conquistas da cultura europeia. Uma segurança efectiva que garante que, independentemente dos rendimentos e da situação económica, nenhum cidadão ficará sem a assistência médica necessária. O interessante é perceber que a ideia de que o Estado deve cuidar da saúde dos cidadãos é uma consequência da revolução industrial. Foi a economia liberal a origem deste direito. Os patrões não queriam empregados doentes e sujeitos a epidemias e, por isso, exigiram ao Estado que tomasse conta da saúde dos cidadãos. Agora, e perante os desafios actuais, sinto-me tentada a dizer que o direito à saúde tendencialmente gratuita não é compatível com a crise actual. Trata-se de um direito económico e social, só sendo um direito fundamental para aqueles que por incapacidade própria estão dependentes do Estado para suprir necessidades. A regra da gratuitidade está, portanto, a por em causa a eficácia da resposta nas situações efectivamente necessárias.

FILIPA MARTINS

ARTIGO 65º
Habitação e urbanismo

1. Todos têm direito, para si e para a sua família, a uma habitação de dimensão adequada, em condições de higiene e conforto e que preserve a intimidade pessoal e a privacidade familiar.

2. Para assegurar o direito à habitação, incumbe ao Estado:

a) Programar e executar uma política de habitação inserida em planos de ordenamento geral do território e apoiada em planos de urbanização que garantam a existência de uma rede adequada de transportes e de equipamento social;

b) Promover, em colaboração com as regiões autónomas e com as autarquias locais, a construção de habitações económicas e sociais;

c) Estimular a construção privada, com subordinação ao interesse geral, e o acesso à habitação própria ou arrendada;

d) Incentivar e apoiar as iniciativas das comunidades locais e das populações, tendentes a resolver os respectivos problemas habitacionais e a fomentar a criação de cooperativas de habitação e a autoconstrução.

3. O Estado adoptará uma política tendente a estabelecer um sistema de renda compatível com o rendimento familiar e de acesso à habitação própria.

4. O Estado, as regiões autónomas e as autarquias locais definem as regras de ocupação, uso e transformação dos solos urbanos, designadamente através de instrumentos de planeamento, no quadro das leis respeitantes ao ordenamento do território e ao urbanismo, e procedem às expropriações dos solos que se revelem necessárias à satisfação de fins de utilidade pública urbanística.

5. É garantida a participação dos interessados na elaboração dos instrumentos de planeamento urbanístico e de quaisquer outros instrumentos de planeamento físico do território.

Uma sociedade não pode prosperar se os seus elementos não têm condições adequadas para repor as forças após o trabalho. É necessário um suporte físico e psicológico para se poder viver em condições de higiene e conforto na intimidade familiar. Isto está intimamente ligado ao direito à habitação! O Estado deverá zelar por este direito e assegurar e estimular o melhoramento de tudo o que optimize uma habitação adequada.

Desde que o Homem se tornou sedentário que tiveram que existir regras de ocupação e estas conduziram ao planeamento urbanístico. Mesmo em eras remotas já havia organização de construções em locais vantajosos para a população, e a Citânia de Briteiros é um exemplo de destaque no nosso país. O Estado deve garantir que haja um planeamento rigoroso para um crescimento ordenado. As urbanizações devem desenvolver-se em conformidade com regras ambientais, e devem progredir tendo em conta o que será mais útil e dará mais satisfação aos seus habitantes.

CECÍLIA ARRAIANO

ARTIGO 66º
Ambiente e qualidade de vida

1. *Todos têm direito a um ambiente de vida humano, sadio e ecologicamente equilibrado e o dever de o defender.*

2. *Para assegurar o direito ao ambiente, no quadro de um desenvolvimento sustentável, incumbe ao Estado, por meio de organismos próprios e com o envolvimento e a participação dos cidadãos:*

a) Prevenir e controlar a poluição e os seus efeitos e as formas prejudiciais de erosão;

b) Ordenar e promover o ordenamento do território, tendo em vista uma correcta localização das actividades, um equilibrado desenvolvimento sócio-económico e a valorização da paisagem;

c) Criar e desenvolver reservas e parques naturais e de recreio, bem como classificar e proteger paisagens e Sítios, de modo a garantir a conservação da natureza e a preservação de valores culturais de interesse histórico ou artístico;

d) Promover o aproveitamento racional dos recursos naturais, salvaguardando a sua capacidade de renovação e a estabilidade ecológica, com respeito pelo princípio da solidariedade entre gerações;

e) Promover, em colaboração com as autarquias locais, a qualidade ambiental das povoações e da vida urbana, designadamente no plano arquitectónico e da protecção das zonas históricas;

f) Promover a integração de objectivos ambientais nas várias políticas de âmbito sectorial;

g) Promover a educação ambiental e o respeito pelos valores do ambiente;

h) Assegurar que a política fiscal compatibilize desenvolvimento com protecção do ambiente e qualidade de vida.

Como desportista que sempre fui, faço uma analogia deste artigo à minha actividade. Para se ter sucesso, para se ser um campeão, é preciso em primeiro lugar saber muito bem as regras do "jogo".

Neste caso para se ser um bom cidadão é preciso partimos do ponto em que conhecemos os nossos deveres e direitos.

Por outro lado ninguém pode ser campeão sozinho, ou seja, precisamos dos outros e do envolvimento do treino para termos sucesso. Sendo assim temos de respeitar e relacionarmo-nos com o outro e com o nosso "Ambiente"... de treino. E assim se passa na nossa sociedade.

Quando se lê no Artigo 66º " (...) Incumbe ao Estado", lembre-se que o Estado somos todos nós, tal como um grupo de treino ou uma selecção, todos somos responsáveis pelo resultado final, não apenas o Treinador, neste caso seria o Governo. Por isso têm de conhecer bem e aceitar o seu campo de acção tanto nos deveres como nos direitos.

O treino só tem rendimento quando o atleta está presente de corpo e consciência, sendo assim o mesmo se aplica ao cidadão que também é responsável por garantir os deveres e direitos que defendem aquilo que de mais precioso podemos ter, o Ambiente e qualidade de vida.

Saudações Desportivas e bons treinos!

NUNO DELGADO

ARTIGO 67º
Família

1. A família, como elemento fundamental da sociedade, tem direito à protecção da sociedade e do Estado e à efectivação de todas as condições que permitam a realização pessoal dos seus membros.

2. Incumbe, designadamente, ao Estado para protecção da família:

a) Promover a independência social e económica dos agregados familiares;

b) Promover a criação e garantir o acesso a uma rede nacional de creches e de outros equipamentos sociais de apoio à família, bem como uma política de terceira idade;

c) Cooperar com os pais na educação dos filhos;

d) Garantir, no respeito da liberdade individual, o direito ao planeamento familiar, promovendo a informação e o acesso aos métodos e aos meios que o assegurem, e organizar as estruturas jurídicas e técnicas que permitam o exercício de uma maternidade e paternidade conscientes;

e) Regulamentar a procriação assistida, em termos que salvaguardem a dignidade da pessoa humana;

f) Regular os impostos e os benefícios sociais, de harmonia com os encargos familiares;

g) Definir, ouvidas as associações representativas das famílias, e executar uma política de família com carácter global e integrado;

h) Promover, através da concertação das várias políticas sectoriais, a conciliação da actividade profissional com a vida familiar.

A aprendizagem e a vivência do que é uma família, uma sociedade e a importância da realização pessoal de todos os cidadãos, deveriam, do meu ponto de vista, constituir uma profunda reflexão e discussão na sociedade portuguesa.

Apenas um indivíduo plenamente realizado pode constituir uma célula saudável de uma família e de uma sociedade. E essa realização depende essencialmente da possibilidade de descobrir a sua verdadeira vocação profissional e de efectivamente a exercer através de uma actividade que possa ser inserida na estrutura social e financeira da sociedade a que pertence. O exercício dessa actividade deve ainda permitir-lhe viver em harmonia os seus afectos, podendo também dedicar-se a eles, através do contacto estreito e atento com os seus próximos, evitando assim o crescente isolamento e estratificação dos diferentes grupos etários, sobretudo, as crianças e os idosos cujo contacto próximo deveria ser promovido de todas as formas possíveis.

Assim, considero fundamental a inserção deste artigo na Constituição, como instrumento de legislação da protecção da família por parte do Estado, ao enunciar uma série de princípios e mecanismos a implementar, de forma a que os diversos sectores em que uma sociedade se pode constituir, continuamente evoluam e comuniquem. Destaco as alíneas b) e c), cujos princípios considero fundamentais, embora me pareça essencial uma maior explicitação do que pode ser uma política de terceira idade e de como poderá o Estado cooperar na educação dos filhos.

Gostaria ainda de chamar a atenção para a necessidade da regulação da protecção das muitas famílias em situação de litígio, acima de tudo no que diz respeito aos menores, que deveriam ver consignados os seus direitos tantas vezes gravemente violados, perante a duríssima realidade da alienação parental, cuja prática bastante comum, ainda não é reconhecida como crime no nosso país.

TEREZA SALGUEIRO

ARTIGO 68º
Paternidade e maternidade

1. Os pais e as mães têm direito à protecção da sociedade e do Estado na realização da sua insubstituível acção em relação aos filhos, nomeadamente quanto à sua educação, com garantia de realização profissional e de participação na vida cívica do país.

2. A maternidade e a paternidade constituem valores sociais eminentes.

3. As mulheres têm direito a especial protecção durante a gravidez e após o parto, tendo as mulheres trabalhadoras ainda direito a dispensa do trabalho por período adequado, sem perda da retribuição ou de quaisquer regalias.

4. A lei regula a atribuição às mães e aos pais de direitos de dispensa de trabalho por período adequado, de acordo com os interesses da criança e as necessidades do agregado familiar.

São direitos constitucionais, garantidos pela legislação, a protecção da mulher durante a gravidez e o gozo da licença de parto pela Mãe trabalhadora, sem perda da retribuição ou de quaisquer regalias. Mas será que estes direitos garantem que a maternidade não venha a afectar a carreira profissional das mulheres? A construção de uma família tem, no geral, um indiscutível impacto nas suas carreiras pois é menor a liberdade de acção e o tempo disponível para dedicar à profissão. A assimetria no cuidado dos filhos continua a manter-se pois, ainda que a licença possa também ser usada pelo Pai, poucos são os que dela usufruem ou solicitam dispensas para cuidar dos filhos. A posição da mulher no mercado de trabalho fica assim inevitavelmente prejudicada. No geral, as suas carreiras são secundarizadas, as suas ambições e a perseverança na construção da carreira vão-se reduzindo e só uma reduzida percentagem consegue atingir o topo. De facto, se há problema que pareça insolúvel e refractário à melhor regulamentação de direitos, é este!

Vejamos a carreira académica baseada em investigação intensiva que, felizmente, já é hoje uma profissão com representatividade em Portugal. Presentemente, mesmo as bolseiras usufruem da licença por maternidade, situação que contrasta com a de Países com uma posição dominante em Ciência e Tecnologia. Contudo, conseguir uma posição estável e progredir na carreira depende, de forma inexorável, da avaliação curricular durante um período da vida activa que coincide com a fase de constituir família. Se abandonam a carreira, tal pode representar uma perda de vocações e talentos e certamente do investimento realizado durante anos no seu treino. Ainda que a situação Portuguesa seja, também na carreira académica, das mais igualitárias da Europa [1] e que a nova geração de mulheres seja altamente qualificada, talentosa, e tenha elevadas aspirações, continua a verificar-se o desequilíbrio de género. Se em 2007 60% dos detentores de doutoramento eram mulheres, só 21% dos Professores Catedráticos o eram e este número desce para 5% na área da Engenharia e Tecnologia para 35% de doutoradas [1]. Embora os números conhecidos sejam encorajadores [1], a situação merece uma reflexão activa tendo em vista uma sociedade com futuro, democrática, e científica e tecnologicamente avançada.

ISABEL SÁ CORREIA

[1] She Figures 2009: Statistics and Indicators on Gender Equality in Science, Luxembourg: Publications Office of the European Union, European Commission, 2009

ARTIGO 69º
Infância

1. *As crianças têm direito à protecção da sociedade e do Estado, com vista ao seu desenvolvimento integral, especialmente contra todas as formas de abandono, de discriminação e de opressão e contra o exercício abusivo da autoridade na família e nas demais instituições.*
2. *O Estado assegura especial protecção às crianças órfãs, abandonadas ou por qualquer forma privadas de um ambiente familiar normal.*
3. *É proibido, nos termos da lei, o trabalho de menores em idade escolar.*

Os casos recentes que abalaram a sociedade portuguesa – e que se arrastaram indecorosamente durante tantos anos, "entupindo" os tribunais e oferecendo uma pálida imagem da celeridade da justiça – são paradigmáticos para o entendimento do artigo proposto para reflexão. Refiro-me, como é evidente, aos casos no âmbito do processo Casa Pia, que, independentemente do resultado final, trouxeram à luz a situação desprivilegiada por que passam as crianças órfãs e de condição social inferior em instituições públicas que deveriam velar pela qualidade de vida dessas crianças, bem como pela sua protecção. Num país em que a violência doméstica continua a prosperar – com um aumento de 6 por cento em 2007 e 84 queixas diárias registadas –, num país em que a taxa de analfabetismo ronda os dez por cento e a crise financeira gerou novas formas de exploração infantil – da mendicidade à prostituição e tráfico de droga –, é fundamental atentarmos às alíneas do artigo citado e fazer pesar a lei acima de todos os outros interesses. É, assim, a obrigação de todo e qualquer cidadão denunciar o abuso ou a suspeita de abuso de um adulto sobre uma criança; velar pela qualidade de vida e o desenvolvimento integral de todos os menores, independentemente da filiação; e contribuir, na medida do possível, para que a injustiça, discriminação e o exercício abusivo da autoridade para com as crianças não se perpetuem.

JOÃO TORDO

ARTIGO 70º
Juventude

1. *Os jovens gozam de protecção especial para efectivação dos seus direitos económicos, sociais e culturais, nomeadamente:*
a) No ensino, na formação profissional e na cultura;
b) No acesso ao primeiro emprego, no trabalho e na segurança social;
c) No acesso à habitação;
d) Na educação física e no desporto;
e) No aproveitamento dos tempos livres.
2. *A política de juventude deverá ter como objectivos prioritários o desenvolvimento da personalidade dos jovens, a criação de condições para a sua efectiva integração na vida activa, o gosto pela criação livre e o sentido de serviço à comunidade.*
3. *O Estado, em colaboração com as famílias, as escolas, as empresas, as organizações de moradores, as associações e fundações de fins culturais e as colectividades de cultura e recreio, fomenta e apoia as organizações juvenis na prossecução daqueles objectivos, bem como o intercâmbio internacional da juventude.*

Cuidado!!!! O artigo 70º deve ser lido na íntegra e meditado para que não exista risco de conclusões precipitadas, truncando palavras ou até invertendo-lhes a ordem.

Seria muito desagradável se o redactor resolvesse escrever:

Gozam com os jovens... no ensino, no acesso ao primeiro emprego...

Há quem ache que sim, mas o enunciado escolhido, é sem dúvida, o mais razoável, até porque os jovens não vão gostar que andem a gozar com eles, portanto:

Os jovens gozam... no ensino, no acesso ao primeiro emprego... É natural que os jovens gozem, é próprio da idade, mas atenção! Os jovens gozam de protecção especial...

Eis um apelo à responsabilidade: os jovens gozam, sim, mas com protecção especial...que isto de gozar direitos não pressupõe que se goze a torto e a direito;

– No ensino, na formação profissional e na cultura (com o telemóvel desligado P.F.).

– No acesso ao 1º emprego... (embora às vezes o 2º emprego possa ser melhor).

– No acesso à habitação (num acto livre de escolher as escadas ou o elevador).

– Na educação física (um bom físico não exclui a boa educação).

– No aproveitamento dos tempos livres (no aproveitar é que está o ganho).

Este artigo é prova de uma boa Constituição que exige um excelente art. 70º depois de um razoável 69º. Permito-me, no entanto, introduzir um possível artigo único.

Caso os jovens não aproveitem as oportunidades concedidas, a juventude será distribuída pelos idosos que bem precisam dela.

Tenho dito!

ÓSCAR BRANCO

ARTIGO 71º
Cidadãos portadores de deficiência

1. Os cidadãos portadores de deficiência física ou mental gozam plenamente dos direitos e estão sujeitos aos deveres consignados na Constituição, com ressalva do exercício ou do cumprimento daqueles para os quais se encontrem incapacitados. 2. O Estado obriga-se a realizar uma política nacional de prevenção e de tratamento, reabilitação e integração dos cidadãos portadores de deficiência e de apoio às suas famílias, a desenvolver uma pedagogia que sensibilize a sociedade quanto aos deveres de respeito e solidariedade para com eles e a assumir o encargo da efectiva realização dos seus direitos, sem prejuízo dos direitos e deveres dos pais ou tutores. 3. O Estado apoia as organizações de cidadãos portadores de deficiência.

MUITA PARRA, POUCA UVA

Somos um país pequeno, com muita legislação e regulamentação sobre a pessoa deficiente. Talvez até demasiada e demasiado dispersa, para chegar de forma clara e consolidada ao conhecimento público, e nomeadamente ao conhecimento do cidadão deficiente e/ou das suas famílias.

No papel, o Estado promete ser o melhor Estado do Mundo – moderno, empreendedor, eficaz, protector, solidário – através da sua Lei Fundamental e restante legislação.

Na prática, seja por inércia ou laxismo ou até falta de verbas, o papel que o Estado consegue desempenhar ainda não chega.

Em muitos casos, sobretudo para quem vive longe do litoral e das grandes cidades, o "abandono" do Estado é mais visível, deixando às famílias ou a Instituições Particulares parte da responsabilidade que lhe é devida.

Conscientes e informados dos seus direitos, alguns lutam pelo cumprimento do texto constitucional, apesar dos "moinhos de vento" que encontram pela frente.

Muitos outros desistem, perante um certo "status quo" alimentado pela lógica paternalista e condescendente do coitadinho, que valoriza mais as deficiências do que as eficiências de cada um.

O texto da Constituição afigura-se-me assim como um bom romance. Está bem escrito, o enredo é interessante, as personagens, os lugares, as acções...

Tudo faz sentido – mas é pura ficção.

Um cidadão numa cadeira de rodas, um pai ou mãe com um filho autista, e tantos tantos outros, sabem disso, como ninguém.

CLARA DE SOUSA

ARTIGO 72º
Terceira idade

1. *As pessoas idosas têm direito à segurança económica e a condições de habitação e convívio familiar e comunitário que respeitem a sua autonomia pessoal e evitem e superem o isolamento ou a marginalização social.*

2. *A política de terceira idade engloba medidas de carácter económico, social e cultural tendentes a proporcionar às pessoas idosas oportunidades de realização pessoal, através de uma participação activa na vida da comunidade.*

De todos os grupos que compõem a sociedade, é reconhecido que são os idosos aqueles que mais fragilizados estão em termos de direitos e garantias. A saúde, muitas vezes, já não é o que era, os amigos e familiares têm as suas vidas profissionais preenchidas, o poder reivindicativo é inexistente, as condições económicas, em muitos casos, são precárias, daí resultando um conjunto de carências de toda a ordem.

A Constituição da República, no seu artigo 72º, reconhece este problema, estabelecendo o direito à dignidade das pessoas da terceira idade e preconizando a necessidade de medidas que atenuem a solidão que, frequentemente, as acompanham.

Se os mecanismos de defesa deste direito funcionarem, estaremos a humanizar a nossa sociedade, dando mais sentido às nossas vidas.

Amanhã, seremos nós os "velhinhos"...

NAIDE GOMES

CAPÍTULO III
DIREITOS E DEVERES CULTURAIS

ARTIGO 73º
Educação, cultura e ciência

1. Todos têm direito à educação e à cultura.

2. O Estado promove a democratização da educação e as demais condições para que a educação, realizada através da escola e de outros meios formativos, contribua para a igualdade de oportunidades, a superação das desigualdades económicas, sociais e culturais, o desenvolvimento da personalidade e do espírito de tolerância, de compreensão mútua, de solidariedade e de responsabilidade, para o progresso social e para a participação democrática na vida colectiva.

3. O Estado promove a democratização da cultura, incentivando e assegurando o acesso de todos os cidadãos à fruição e criação cultural, em colaboração com os órgãos de comunicação social, as associações e fundações de fins culturais, as colectividades de cultura e recreio, as associações de defesa do património cultural, as organizações de moradores e outros agentes culturais.

4. A criação e a investigação científicas, bem como a inovação tecnológica, são incentivadas e apoiadas pelo Estado, por forma a assegurar a respectiva liberdade e autonomia, o reforço da competitividade e a articulação entre as instituições científicas e as empresas.

Sem educação e sem cultura qualquer povo dificilmente conseguirá constituir-se como "bem maior" no conjunto das mil e uma coisas que, na sua pluralidade, fazem um país.

Com igual importância, também a ciência e todas as vertentes que dela advêm é uma realidade indissociável da evolução, garantindo ao ser humano através do "conhecimento" uma percepção sapiente do mundo que o rodeia, proporcionando por isso uma mais profunda consciencialização da vida de todos os dias.

Assim sendo, a cultura, a educação e a ciência nunca poderiam ser alienadas das prioridades duma sociedade que, naturalmente, vê estes valores representados na sua Constituição.

No seu artigo 73º, estes mesmos valores são consagrados de forma irrepreensível verificando-se assim que o Estado, como lhe compete, não é omisso nestas matérias.

Muitas vezes torna-se fácil observar que entre a palavra escrita e o que realmente acontece vai uma distância que prova que nem sempre as metas propostas são alcançadas. Resta-nos esperar que neste artigo 73º a essência indelével do seu conteúdo possa aproximar-se o mais possível da realidade.

CARLOS VIDAL

ARTIGO 74º
Ensino

1. *Todos têm direito ao ensino com garantia do direito à igualdade de oportunidades de acesso e êxito escolar.*
2. *Na realização da política de ensino incumbe ao Estado:*
a) Assegurar o ensino básico universal, obrigatório e gratuito;
b) Criar um sistema público e desenvolver o sistema geral de educação pré- escolar;
c) Garantir a educação permanente e eliminar o analfabetismo;
d) Garantir a todos os cidadãos, segundo as suas capacidades, o acesso aos graus mais elevados do ensino, da investigação científica e da criação artística;
e) Estabelecer progressivamente a gratuitidade de todos os graus de ensino;
f) Inserir as escolas nas comunidades que servem e estabelecer a interligação do ensino e das actividades económicas, sociais e culturais;
g) Promover e apoiar o acesso dos cidadãos portadores de deficiência ao ensino e apoiar o ensino especial, quando necessário;
h) Proteger e valorizar a língua gestual portuguesa, enquanto expressão cultural e instrumento de acesso à educação e da igualdade de oportunidades;
i) Assegurar aos filhos dos emigrantes o ensino da língua portuguesa e o acesso à cultura portuguesa;
j) Assegurar aos filhos dos imigrantes apoio adequado para efectivação do direito ao ensino.

Porque tenho de ir à escola? Porque sim, é obrigatório!

Mas ir à escola não me serve para nada, é uma perda de tempo. Tu és jovem, ainda não sabes. Faz o que te mandam!

Este jovem, à primeira vista rebelde e potencialmente problemático, está simplesmente a revelar uma falha crítica do seu sistema de ensino. Direito ao ensino não pode limitar-se a garantir o acesso a uma sala de aula, um professor e um computador. Ensinar é, acima de tudo, estimular os mais jovens a encontrar o seu próprio caminho, disponibilizando instrumentos que cada um deve aprender a usar para se superar a si próprio. O artigo da Constituição sobre o Ensino enuncia um conjunto de excelentes princípios, mas é omisso relativamente às necessidades vivenciais dos "adultos para ser". Não chega ter escolas a funcionar, é essencial ter alunos felizes por as frequentarem.

MARIA DO CARMO FONSECA

ARTIGO 75º
Ensino público, particular e cooperativo
1. O Estado criará uma rede de estabelecimentos públicos de ensino que cubra as necessidades de toda a população.
2. O Estado reconhece e fiscaliza o ensino particular e cooperativo, nos termos da lei.

O que resulta – e muito bem – deste artigo, é ser a educação uma das obrigações estruturantes e insubstituíveis do Estado, como são a defesa, a segurança ou a justiça. A chamada «iniciativa» privada, não tem, por natureza, vocação para se dedicar ao ensino, sendo os seus objectivos predominantemente os do lucro, incompagináveis com o que há de mais elevado no exercício da cidadania. Com uma única excepção, justificada por longa e enraizada experiência (ainda assim acusando, no campo da economia e das ciências humanas um fechamento sectário e retrógrado), o ensino superior privado tem sido em Portugal, a acreditar no que vem sendo publicado, uma escuridão de negociatas, mais ou menos fraudulentas com algumas deprimentes sequelas criminais. De resto, mesmo quando não há crime e negócios sórdidos, parece ser pacífica a verificação de que o ensino privado tende a ser de pior qualidade. A não ser que se trate de ensino exclusivo para ricos, escandalosamente caro, em termos mais apropriados ao terceiro mundo que à Europa.

MÁRIO DE CARVALHO

ARTIGO 76º
Universidade e acesso ao ensino superior

1. *O regime de acesso à Universidade e às demais instituições do ensino superior garante a igualdade de oportunidades e a democratização do sistema de ensino, devendo ter em conta as necessidades em quadros qualificados e a elevação do nível educativo, cultural e científico do país.*

2. *As universidades gozam, nos termos da lei, de autonomia estatutária, científica, pedagógica, administrativa e financeira, sem prejuízo de adequada avaliação da qualidade do ensino.*

Numa sociedade cada vez mais competitiva, cada vez mais e melhor qualificada, é importante garantir a igualdade de oportunidades a todos os portugueses, no que diz respeito ao ensino superior e universitário. O desenvolvimento educativo, cultural, científico e desportivo – que me é mais próximo – tem de ser assegurado pela boa preparação de todos de modo a encararem os desafios do futuro, e é, sem dúvida, a maior garantia para um país mais próspero e evoluído.

A grande aposta dos nossos jovens deve ser na sua formação, na sua qualificação, mas também na sua dedicação. O sucesso consegue-se com muito treino, muito estudo, muito empenho e um enorme querer, que todos nós devemos procurar na hora de decidir o nosso futuro. Só assim poderemos vencer!

FREDERICO GIL

ARTIGO 77º
Participação democrática no ensino

1. Os professores e alunos têm o direito de participar na gestão democrática das escolas, nos termos da lei.

2. A lei regula as formas de participação das associações de professores, de alunos, de pais, das comunidades e das instituições de carácter científico na definição da política de ensino.

A participação democrática no ensino contribui para a supressão das desigualdades económicas, sociais e culturais. Este objectivo apenas poderá ser atingido através do fomento da igualdade de oportunidades no ambiente de ensino.

O nº 1, do art. 77º, caracteriza e delimita o direito que professores e alunos têm de participar activamente na gestão democrática dos estabelecimentos de ensino. Por razões óbvias, o conteúdo do direito é distinto nos diversos graus de ensino e diferentes categorias. Sendo que o paradigma desta participação conjunta de professores e alunos na administração de um estabelecimento será a instrução universitária.

Por outro lado, o nº 2 do art. 77º, estabelece que a determinação e fixação da política de ensino não poderá, ou pelo menos não deveria, ocorrer à revelia das associações de alunos, pais e professores e nem das comunidades e instituições de carácter científico.

Concluindo, esta participação de pessoas ou entidades extra-estaduais no ensino serve como impedimento do poder exclusivo do Estado nas questões ligadas à educação das crianças e jovens.

RUI MACHADO

ARTIGO 78º
Fruição e criação cultural

1. *Todos têm direito à fruição e criação cultural, bem como o dever de preservar, defender e valorizar o património cultural.*

2. *Incumbe ao Estado, em colaboração com todos os agentes culturais:*

a) Incentivar e assegurar o acesso de todos os cidadãos aos meios e instrumentos de acção cultural, bem como corrigir as assimetrias existentes no país em tal domínio;

b) Apoiar as iniciativas que estimulem a criação individual e colectiva, nas suas múltiplas formas e expressões, e uma maior circulação das obras e dos bens culturais de qualidade;

c) Promover a salvaguarda e a valorização do património cultural, tornando-o elemento vivificador da identidade cultural comum;

d) Desenvolver as relações culturais com todos os povos, especialmente os de língua portuguesa, e assegurar a defesa e a promoção da cultura portuguesa no estrangeiro;

e) Articular a política cultural e as demais políticas sectoriais.

A Cultura é um bem comum, que eleva a alma o coração e a sensibilidade da Humanidade.

A Cultura é o alimento da alma. As ideias deste artigo remetem-me para o mundo dos sonhos, dos ideais, dos compromissos, porque projectam um futuro que se deseja alcançar, uma promessa por cumprir. A Cultura quando for de facto acessível a todos, vai seguramente veicular vidas mais felizes e integradas; prevenindo, assim, os caminhos desviantes e oportunistas dos vícios. Enquanto cantora, sinto ser imperativo que se criem as condições para tal facto se torne uma realidade. Devemos apoiar a nossa cultura sem preconceitos, veiculando-a através dos meios de comunicação; toda a cultura sem excepção deve ser considerada um bem essencial e sujeita a impostos em conformidade (actualmente os instrumentos musicais e os *CDs* são considerados um luxo).

Devemos defender a nossa Cultura viabilizando a vida dos que a ela se dedicam, sob pena do empobrecimento da mesma. A *Internet* veio, de facto, possibilitar o acesso à arte de forma gratuita, o que é uma evolução, mas, os criadores, os artistas, que não são remunerados, estão a ficar sem meios para dar continuidade aos seus projectos; as editoras sem lucros, não podem continuar a investir nos projectos e a arte, que não é subsidiada, que pretende ser genuína, "da alma e para as almas", fica remetida ao silêncio.

Que "futuro passado" teremos, se não nos organizarmos, não elevarmos a nossa auto-estima, se não defender-mos os nossos criadores, poetas, músicos, cantores, actores, atletas, escritores.

A História ensina-nos que a Cultura é o "diário" da voz de um povo, o testemunho dos seus anseios, dos seus medos, dos sonhos, das lutas, dos erros, das glórias, das injustiças, onde procuramos ensinamentos, para caminhar-mos rumo a um futuro melhor.

Sem Cultura fica vazia a alma da gente, o passado da gente. A Cultura é um bem comum que devemos preservar.

ADELAIDE FERREIRA

ARTIGO 79º
Cultura física e desporto

1. *Todos têm direito à cultura física e ao desporto.*

2. *Incumbe ao Estado, em colaboração com as escolas e as associações e colectividades desportivas, promover, estimular, orientar e apoiar a prática e a difusão da cultura física e do desporto, bem como prevenir a violência no desporto.*

O desporto, intimamente ligado à saúde, é um direito de todos, sem excepções. O Estado deve salvaguardar esse carácter absoluto, prestando especial atenção àqueles que, por tantos motivos, têm mais dificuldade no acesso a essa área fundamental. Ao mesmo tempo, quando se fala de "cultura física e desporto", fica claro que o Estado não deve privilegiar nenhuma modalidade, devendo sim desenvolver esforços no sentido de alargar o acesso fácil de todos os cidadãos a tantas modalidades quanto possível.

JOSÉ LUÍS PEIXOTO

PARTE III
ORGANIZAÇÃO DO PODER POLÍTICO
(...)
TÍTULO IX
ADMINISTRAÇÃO PÚBLICA
(...)

ARTIGO 268º
Direitos e garantias dos administrados

1. Os cidadãos têm o direito de ser informados pela Administração, sempre que o requeiram, sobre o andamento dos processos em que sejam directamente interessados, bem como o de conhecer as resoluções definitivas que sobre eles forem tomadas.

2. Os cidadãos têm também o direito de acesso aos arquivos e registos administrativos, sem prejuízo do disposto na lei em matérias relativas à segurança interna e externa, à investigação criminal e à intimidade das pessoas.

3. Os actos administrativos estão sujeitos a notificação aos interessados, na forma prevista na lei, e carecem de fundamentação expressa e acessível quando afectem direitos ou interesses legalmente protegidos.

4. É garantido aos administrados tutela jurisdicional efectiva dos seus direitos ou interesses legalmente protegidos, incluindo, nomeadamente, o reconhecimento desses direitos ou interesses, a impugnação de quaisquer actos administrativos que os lesem, independentemente da sua forma, a determinação da prática de actos administrativos legalmente devidos e a adopção de medidas cautelares adequadas.

5. Os cidadãos têm igualmente direito de impugnar as normas administrativas com eficácia externa lesivas dos seus direitos ou interesses legalmente protegidos.

6. Para efeitos dos n°s 1 e 2, a lei fixará um prazo máximo de resposta por parte da Administração.

A falta de transparência e a ocultação de informações sobre a forma como um país ou uma comunidade são administrados, conduz inevitavelmente à falta de confiança dos administrados sobre as capacidades, a autoridade e a seriedade dos seus governantes (seja qual for o sector em questão). A existência e a salvaguarda de normas que garantam a transparência subjacente ao relacionamento entre administrador e administrados, é fundamental numa sociedade que se quer moderna, evoluída, culta, informada e preocupada em garantir um futuro melhor para as gerações vindouras. A falta de luz mantém-nos na ignorância sobre aquilo que nos rodeia enquanto que o conhecimento e a boa informação sobre os vários processos da nossa comunidade permite-nos efectuar sempre as escolhas mais acertadas.

JOSÉ CID

OS COMENTADORES

ADELAIDE FERREIRA

Cantora e actriz nasceu em Minde mas, foi em Caldas da Rainha onde cresceu, que teve o primeiro contacto com as artes. Frequentou um curso de Actores profissionais em Évora (Teatro Garcia De Resende). Enquanto actriz profissional esteve integrada no elenco do "Grupo 4" no Teatro Aberto em Lisboa, onde participou em diversos musicais. Convidada a gravar o seu primeiro disco, iniciou, em 1979 a sua carreira musical. Em 1981 lançou o tema "Baby suicida" que a remeteria para o sucesso discográfico no meio do Rock Português da época. Posteriormente viria a afirmar-se com cantora de grandes baladas, "Papel Principal" e "Dava Tudo" são temas paradigmáticos da sua carreira que são seguramente parte integrante do património da Cultura em Portugal.

ANABELA MOTA RIBEIRO

É jornalista. Estudou Filosofia Na Universidade Nova de Lisboa. Iniciou a sua actividade profissional em rádio, foi autora e apresentadora de programas de televisão, trabalha como *free lance* para diferentes jornais e revistas. A entrevista é o género jornalístico que mais pratica. Aos 17 anos teve uma matrícula inconsequente na Faculdade de Direito de Coimbra.

ANTÓNIO VICTORINO D'ALMEIDA

Nasceu em Lisboa, em 21 de Maio de 1940. Começou a sua carreira mais como pianista, tendo actuado em inúmeros países, mas dedicar-se-ia mais intensamente à composição, sendo porventura o compositor português com mais obra feita. É também escritor, autor de dez livros, cineasta e realizador de televisão.

ARLINDO OLIVEIRA

É Professor Catedrático de Engenharia Informática e Vice-Presidente do Instituto Superior Técnico (IST), tendo obtido a licenciatura pelo IST e o doutoramento pela Universidade da Califórnia em Berkeley, em 1986 e 1994, respectivamente. Foi fundador e director do Instituto de Engenharia de Sistemas e Computadores, Investigação e Desenvolvimento em Lisboa e Presidente do Departamento de Engenharia Informática do IST. Tem desenvolvido a sua investigação na área da informática e da biologia computacional, tendo sido autor de um livro e mais de 100 artigos científicos em revistas e conferências da especialidade.

AUGUSTO MADUREIRA

Nasceu em 1967. É licenciado em Comunicação Social, pela Universidade Nova de Lisboa. Iniciou a carreira como jornalista em 1990 na RTP, tendo trabalhado também na Rádio Renascença. Em 92 integra o grupo de jornalistas fundadores da SIC, onde assinou várias "Grandes Reportagens". Prémio de Jornalismo da AMI (99); Prémio de Jornalismo da FLAD (2000); Prémio Comissão Nacional dos Direitos Humanos, e Prémio de Jornalismo da Comissão Europeia (2001). Em 2001 estreia-se como pivot na SIC Notícias; em 2009 coordena o programa "Nós por Cá"; em 2010, cria, coordena e apresenta o programa semanal "Histórias do Mundo".

CAMANÉ

Desde o início do seu percurso artístico, teve sempre uma postura de sobriedade, respeito e rigor perante o Fado, insistindo na divulgação de um repertório centrado no seu lado Tradicional, sem deixar de arriscar ao utilizar novas linguagens musicais, mantendo o enfoque na Palavra, na forma como transmite o legado cedido pelos autores e poetas do nosso e de outros tempos. É o que uma vez mais está presente no seu último disco, o 6º de originais, editado recentemente – "Do amor e dos dias" – a apresentar em 2010/2011.

CARLOS MANUEL NOGUEIRA FINO

Nascido em Évora a 25/11/50 (residente na Madeira desde 1959). Doutorado em Educação pela Faculdade de Ciências da Universidade de Lisboa. Professor associado com agregação do Centro de Ciências Sociais da Universidade da Madeira. Sócio da Associação Portuguesa de Escritores e do P.E.N. Clube Português.

CARLOS VIDAL

Nasceu na Lousã (distrito de Coimbra) em 1954. Ingressou no Conservatório Nacional de Música em 1973. Conduziu os seus próprios programas de televisão, participou em centenas de outros como convidado e, para além de algumas incursões no teatro, tem apresentado ao longo dos anos inúmeros espectáculos musicais em todo o país. Depois de vários discos gravados apresenta em 1982 a personagem Avô Cantigas que ainda hoje mantém em actividade com bastante êxito no meio do público infantil.

CECÍLIA MARIA ARRAIANO

É Investigadora Coordenadora no ITQB-Instituto de Tecnologia Química e Biológica/Universidade Nova de Lisboa. No seu percurso académico tirou a Licenciatura em Biologia na Universidade de Lisboa, e depois foi Fulbright Scholar concluindo o Doutoramento em Genética e um pós-Doutoramento nos Estados Unidos da América. Posteriormente, já em Portugal, fez a Agregação em Genética/ Biologia Molecular/Microbiologia na Universidade Nova de Lisboa. Tem participado na Direcção de muitos Comités científicos no país e no estrangeiro e recebeu numerosas distinções. Em 2008 foi eleita membro da prestigiada EMBO (European Molecular Biology Organization), e em 2009 foi eleita em Portugal membro da Academia das Ciências.

CLARA DE SOUSA

Nascida no Estoril a 29 de Novembro de 1967 é jornalista profissional desde 1992. É licenciada em Línguas e Literaturas Modernas, na variante de Português/Inglês, pela Faculdade de Letras da Universidade Clássica de Lisboa. Iniciou-se na área da comunicação social em 1986 na Rádio Echo na Parede, seguindo-se a Rádio Marginal entre 1989 e 1992. Em 1993 abriu os espaços noticiosos da TVI. Em 1997 deu-se a transferência para a RTP, onde ficou até Junho de 2000, altura em que foi contratada pela SIC para fazer parte do projecto SIC Notícias. Desde 2007, que com Rodrigo Guedes de Carvalho, é responsável pela apresentação do Jornal da Noite, na SIC.

DINA AGUIAR

Natural de Numão, concelho de Vila Nova de Foz-Côa, distrito da Guarda. Licenciatura em Línguas e Literaturas Modernas Inglês/Português pela Faculdade de Letras da Universidade Clássica de Lisboa e 2º Ano do curso de Tradutores do ISLA, Instituto Superior de Línguas e Administração. Jornalista da RTP desde 1978, apresentou diversos serviços informativos desde o Jornal 2, Telejornal, 24 horas, Regiões e agora o Portugal em Directo e ainda o programa de entretenimento Chá das Cinco. Entre 1974-1975 trabalhou na Rádio Universidade/ Rádio Estudantil. Foi Coordenadora do suplemento da Habitação do Semanário "O Jornal". Desde 1994 que assume a actividade de pintora autodidata (ou melhor... mais como artesã de pintura) expondo com alguma regularidade no país e estrangeiro.

EDUARDA MAIO

Jornalista da Antena 1 desde 2003, actualmente subdirectora de informação da RDP e chefe de redacção da RDP – Porto. Chefe de Redacção da TSF entre 1999 e 2003. Jornalista da TSF entre 1992 e 2003. Jornalista da RTP entre 1990 e 1993. Jornalista da Antena 1 entre 1987 e 1990.

EDUARDO MADEIRA

É humorista, nasceu na Guiné-Bissau em 1972 e vive em Cascais. Foi autor e actor de várias séries na televisão e rádio (Os Contemporâneos, Notícias em Segunda Mão, etc.). É autor de vários livros de humor, filmes e peças e faz espectáculos de stand up comedy por todo o país.

ELISABETE JACINTO

É piloto de todo-o-terreno. Destacou-se ao ser a primeira mulher portuguesa a terminar o rali "Paris-Dakar" e ao vencer a categoria de Senhora da Taça do Mundo de Todo-o-terreno em moto. É, actualmente, a única mulher a nível mundial que conta no seu currículo com uma vitória à geral dos Camiões numa prova da Taça do Mundo. É licenciada em Geografia, autora de manuais escolares e de livros de aventura.

F. XAVIER MALCATA

Nascido em Angola em 1963, licenciou-se em Engenharia Química pela Universidade do Porto (1988), doutorou-se na mesma área em 1991 pela Universidade de Wisconsin (EUA), e fez a Agregação em Ciência e Engenharia Alimentar em 2004 pela Universidade Católica Portuguesa. Foi docente na Universidade de Wisconsin (EUA), no Instituto Superior da Maia e na Universidade Católica Portuguesa; e investigador no Centro Interdisciplinar de Investigação Marinha e Ambiental, no Instituto de Tecnologia Química e Biológica e no Centro de Biotecnologia e Química Fina. Desempenhou as funções de Director da Escola Superior de Biotecnologia, de Administrador Delegado da Associação para a Escola Superior de Biotecnologia da Universidade Católica e de Presidente da Sociedade Portuguesa de Biotecnologia. De entre as inúmeras distinções internacionais que recebeu até à data, destacam-se: o Young Scientist Research Award, atribuído pela American Oil Chemists' Society (EUA) em 2001; o Scientist of the Year Award, pela European Federation of Food Science and Technology em 2007; o Samuel Cate Prescott Award, pelo Institute of Food Technologists (EUA) em 2008.

FERNANDO MENDES

É um actor português, nascido em Lisboa, a 9 de Março de 1963. É essencialmente um comediante, com trabalhos na televisão, teatro e cinema. Nos últimos anos tem-se destacado também na apresentação de programas televisivos, na área do entretenimento e dos concursos.

FERNANDO ROCHA

É o rei das anedotas, homem dos sete ofícios, mais conhecido por ter sido o electricista que virou humorista. Vencedor do concurso televisivo "Ri-Te, Ri-Te", na TVI. Ficou célebre pelas suas intervenções, durante três anos e meio, no "Levanta-te e Ri", da SIC. Editou 7 CDs e 3 DVDs. Tem a sua biografia publicada em livro "A Minha Vida Numa Anedota". Apresenta diariamente a rubrica radiofónica "A Voz do Povo", nas estações NFM.

FILIPA MARTINS

É jornalista e escritora portuguesa, nascida em 1983. Apesar da sua tenra idade, Filipa recebeu, em 2004, o Prémio Revelação na categoria de ficção, pela Associação Portuguesa de Escritores (APE), pelo seu livro "Elogio do Passeio Público".

FILIPE ALBUQUERQUE

Nasceu em Coimbra a 13 de Junho de 1985. É o mais novo de três irmãos. Começou a sua carreira desportiva nos karts aos 10 anos e desde então o seu sucesso desportivo não mais parou. Em 2006 foi Campeão Europeu e Norte Europeu de Fórmula Renault, em 2007 esteve na luta pelo título da World Series by Renault terminando em quarto. Integrou o programa da Red Bull Junior Team que lhe permitiu ser dos poucos portugueses a sentar-se ao volante de um Fórmula Um. Em 2008 e 2009 ingressa no A1GP terminando este último ano no terceiro lugar. Em 2010 é piloto oficial da Audi Itália e está a discutir o título de Campeão do Campeonato Italiano de GT3. É considerado um dos melhores pilotos nacionais da actualidade.

FRANCISCO MOITA FLORES

Ensaísta, escritor, actualmente Presidente da Câmara Municipal de Santarém, natural de Moura, nascido em 1953, tem uma vasta obra publicada no domínio da Morte e da Violência assim como nas áreas da ficção, em prosa, para teatro e para televisão e cinema. Traduzido em várias línguas, premiado várias vezes em Portugal e no estrangeiro, o seu trabalho literário e científico foi reconhecido pelo Estado, tendo sido condecorado com o grau de Grande Oficial da Ordem do Infante pelo senhor Presidente da República em 2009.

FREDERICO GIL

Nasceu em Lisboa a 24 de Março de 1985 e desde muito cedo estabeleceu como objectivo ser tenista profissional. Depois de resultados auspiciosos enquanto júnior (fez parte do top 10 do ranking mundial júnior, em 2003), Frederico Gil tornou-se, em Maio de 2009, no melhor jogador português de sempre ao ocupar o 66º lugar da classificação mundial. Já conquistou 10 torneios no circuito profissional e foi finalista no Estoril Open, em 2010.

FREITAS-MAGALHÃES

Nasceu em Fornelos (Braga) há 44 anos. Doutorado em Psicologia, é Professor Associado, Fundador e Director do Laboratório de Expressão Facial da Emoção (FEELab), da Faculdade de Ciências da Saúde (FCS), da Universidade Fernando Pessoa (UFP), no Porto. Autor de diversos trabalhos científicos, frequentemente citados, nacional e internacionalmente, o Prof. Doutor Freitas-Magalhães foi considerado pelo "Emotion" e pelo "The Human Face", dos Estados Unidos, um dos mais conceituados investigadores mundiais no estudo da expressão facial da emoção. Pelo pioneirismo e inovação do seu trabalho científico e universitário foi distinguido pelo Governo do Reino Unido e pelo Prémio "Professor Internacional do Ano" (2007), atribuído pelo International Biographical Centre (IBC), de Cambridge.

HENRIQUE MANUEL BAPTISTA DA COSTA MONTEIRO

Nasceu em Lisboa a 1 de Setembro de 1956, é jornalista profissional desde 1979. Entre 1981 e 1985 trabalhou no vespertino do Porto Notícias da Tarde e no Jornal de Notícias, de onde transitou para O Jornal. Em 1989 entrou nos quadros do Expresso, onde foi editor da Revista, da secção Sociedade e, a partir de 1995, subdirector. Em Janeiro de 2006 foi nomeado director daquele semanário.

INÊS PEDROSA

Jornalista e escritora portuguesa, nasceu em Coimbra, em 15 de Agosto de 1962. Licenciada em Comunicação Social, pela Universidade Nova de Lisboa, Inês Pedrosa colaborou, entre outros, no O Jornal, JL, O Independente e o Expresso e em revistas, nomeadamente a Marie Claire, que dirigiu durante três anos, e a Ler. É directora da Casa Fernando Pessoa, desde Fevereiro de 2008. Estreou-se na literatura em 1991, com o livro infantil "Mais Ninguém Tem", seguindo-se o seu primeiro romance, "A Instrução dos Amantes", em 1992. Desde então, tem publicado diversas obras, desde romances a peças de teatro, bem como fora da área da ficção.

ISABEL SÁ-CORREIA

É, desde 1995, Professora Catedrática do Instituto Superior Técnico (IST) onde iniciou e coordena a área disciplinar de Ciências Biológicas e o grupo de investigação em Ciências Biológicas do Instituto de Biotecnologia e Bioengenharia. Licenciada em Engenharia Química pelo IST/UTL (1975), a sua formação pós-graduada foi no campo das Ciências Biológicas tendo desenvolvido investigação no Instituto Gulbenkian de Ciência e na Universidade de Illinois em Chicago. Os seus interesses científicos situam-se nas áreas da Microbiologia Celular e Molecular e da Genómica Funcional, Proteómica e Bioinformática. Nessas áreas, coordenou, no IST, cerca de 30 projectos de investigação nacionais e europeus, publicou mais de 170 artigos científicos originais em revistas internacionais e orientou 23 teses de doutoramento. É membro de vários comités científicos e de corpos editoriais de revistas internacionais. É Presidente da Sociedade Portuguesa de Microbiologia.

JOÃO CARLOS CARREIRA MARCELINO

51 anos, estudou na Faculdade de Ciências de Lisboa. É jornalista há 30 anos, foi Director do jornal Record entre 1999 – 2001, director do Correio da Manhã entre 2001-2007, lançou a revista Sábado em Maio de 2004 e foi Director Editorial do projecto até Fevereiro de 2007. Actualmente, e desde Março 2007, é Director do Diário de Notícias (DN).

JOÃO LAGOS

Após ter-se destacado como atleta – 12 títulos de Campeão Nacional em Ténis iniciou a actividade empresarial em Abril de 1974 e afirmou-se na organização de eventos "Premium" como o Estoril Open e a Tennis Masters Cup (ténis), Volta a Portugal (ciclismo), Rally Lisboa-Dakar (todo-o-terreno), Opens de Portugal, Madeira, Estoril, Rio e S. Paulo (golfe), Portugal Trophy (vela), CSIOL e Gala Equestre (hipismo), Lisbon Grand Prix (motonáutica), Europeu de Sevens (rugby) ou Figueira Pro (surf), entre outros, sendo ainda de destacar, a realização de um "stopover" da carismática Volvo Ocean Race, o grande "Dakar dos mares" em 2012.

JOÃO TORDO

Nasceu em Lisboa, em 1975. Formou-se em Filosofia e estudou Jornalismo e Escrita Criativa em Londres e em Nova Iorque. Trabalha como guionista, tradutor, cronista e formador em *workshops* de ficção. Foi vencedor do prémio Jovens Criadores em 2001. Publicou os romances: "O Livro dos Homens Sem Luz" (2004), "Hotel Memória" (2007) e "As Três Vidas" (2008), tendo conquistado com este último o Prémio José Saramago 2009. "O Bom Inverno" é o seu último romance, editado em Setembro pela Dom Quixote.

JOSÉ CID

Cantor, teclista e compositor português, nasceu na Chamusca, em 4 de Fevereiro de 1942. Iniciou a sua carreira em 1956, com a fundação de "Os Babies". Em 1960, criou em Coimbra o Conjunto Orfeão. Mais tarde, é convidado a entrar para o grupo que algum tempo depois deu origem ao Quarteto 1111. Em 1971, José Cid lançou o seu primeiro disco a solo. Em 1974, concorreu ao Festival RTP da Canção, a solo, com "Uma rosa que te dei". Uma das suas composições mais conhecidas, "Ontem, hoje e amanhã", recebeu um dos prémios de composição notável no Festival Yamaha de Tóquio, em 1975. Com a canção "Um grande, grande amor", venceu o Festival RTP da Canção em 1980, tendo conquistado um honroso 7º lugar com a mesma música no Festival Europeu da Canção.

JOSÉ EDUARDO LIMA PINTO DA COSTA

Natural do Porto, professor catedrático de medicina legal e toxicologia forense na Universidade do Porto, especialista em medicina legal, ex-Director do Instituto de Medicina Legal do Porto, fundador da Sociedade Médico-Legal de Portugal, Past-Vice-presidente da Academia Internacional de Medicina Legal e de Medicina Social, Membro Honorário da Associação Mundial de Direito Médico e da Associação Espanhola de Direito Sanitário, uma das 100 Personalidades do século XX da Cidade do Porto.

JOSÉ LUÍS PEIXOTO

Nasceu em 1974, em Galveias, Ponte de Sôr. É licenciado em Línguas e Literaturas Modernas (Inglês e Alemão) pela Universidade Nova de Lisboa. A sua obra ficcional e poética figura em dezenas de antologias traduzidas num vasto número de línguas e é estudada em diversas universidades nacionais e estrangeiras. Em 2001, recebeu o Prémio Literário José Saramago com o romance "Nenhum Olhar", que foi incluído na lista do Financial Times dos melhores livros publicados em Inglaterra no ano de 2007. Em 2008, recebeu o Prémio de Poesia Daniel Faria. Os seus romances estão publicados em Espanha, Inglaterra, Itália, França, na Finlândia, Holanda, Brasil, nos Estados Unidos, entre outros países, estando traduzidos num total de dezasseis idiomas.

LÍDIA JORGE

É uma das vozes mais representativas da Literatura Portuguesa do pós-Revolução de 25 de Abril. Estreou-se em 1980 com "O Dia dos Prodígios", obra considerada um marco de inovação no campo ficcional. Entre as suas primeiras obras, contam-se "O

Cais das Merendas" e "Notícia da Cidade Silvestre", mas foi sobretudo a partir de "A Costa dos Murmúrios" (1988) que o seu nome se afirmou internacionalmente. Os seus últimos romances, "O Vale de Paixão" (1998), "O Vento Assobiando nas Gruas" (2002) e "Combateremos a Sombra" (2007) obtiveram os grandes prémios portugueses atribuídos ao romance, como o Grande Prémio da Associação Portuguesa de Escritores, Prémio do PEN português, Prémio Dom Dinis da Casa de Mateus, Prémio Correntes d'Escritas. Os seus livros têm sido traduzidos em alemão, inglês, francês, espanhol, sueco, grego, hebraico, italiano, entre vários outros idiomas. Em França, foi-lhe atribuído o Prémio Jean Monet, Escritor Europeu do Ano 2000 (Cognac) e na Alemanha, em 2005, o Prémio Albatroz da Fundação Günter Grass, pelo conjunto da obra até à data. "A Costa dos Murmúrios" foi recentemente adaptado ao cinema por Margarida Cardoso. Lídia Jorge tem publicado vários volumes de contos.

LUÍS FILIPE BORGES

Apresentador, guionista e humorista, é natural de Angra do Heroísmo, ilha Terceira, Açores (1977). Licenciou-se pela Faculdade de Direito de Lisboa. Para além da apresentação de programas de televisão e de rádio, participa também em diversos projectos humorísticos, colabora com a imprensa e tem livros publicados em vários géneros.

MANUELA RAMALHO EANES

É Presidente do Instituto de Apoio à Criança (IAC). Licenciada em Direito, desde sempre se interessou pela área social e ainda durante o mandato do marido como Presidente da República, foi uma das maiores impulsionadoras da fundação do IAC em 1983. Foi assim que nasceram projectos inovadores como a Linha telefónica *SOS Criança*, dirigida à criança maltratada e o *Projecto das Crianças de Rua*. A defesa e promoção dos direitos da Criança tem sido a grande missão da sua vida. Pela sua incansável dedicação à causa da Criança e pelo seu espírito de cidadania activa, foi agraciada com a Grã-Cruz da Ordem do Infante D. Henrique e em nome do IAC recebeu o prémio dos Direitos Humanos da Ordem dos Advogados e a Ordem de Mérito, atribuída pelo Presidente da República em 2008.

MARIA DA GRAÇA CARVALHO

É Deputada do Parlamento Europeu, pelo Grupo do PPE, desde 14 de Julho de 2009. Entre 1 de Abril de 2006 e 13 de Julho de 2009, foi Conselheira Principal do BEPA – Bureau of European Policy Advisers, um Departamento da Comissão Europeia que reporta directamente ao Presidente da Comissão Europeia. Foi Ministra da Ciência e do Ensino Superior do XV Governo Constitucional, Ministra da Ciência, Inovação e Ensino Superior do XVI Governo Constitucional. É Professora Catedrática no Departamento de Engenharia Mecânica do IST desde Junho de 1992.

MARIA DE JESUS SIMÕES BARROSO SOARES

Natural do Algarve, casada com o Dr. Mário Soares, tem dois filhos e cinco netos. Licenciada em Histórico-Filosóficas, com o curso de arte dramática do Conservatório Nacional; possui Doutoramento Honoris Causa pela Universidade de Aveiro, pela Universidade de Lisboa e pelo Lesley College de Boston. Foi agraciada com 28 condecorações e outras distinções académicas e honoríficas de que destacamos a Grã-Cruz da Ordem da Liberdade [Portugal]. Pedagoga, deputada, fundadora do Partido Socialista. Pertence a 31 organizações nacionais e internacionais. É Presidente da Pro Dignitate – Fundação de Direitos Humanos e da Fundação Aristides de Sousa Mendes.

MARIA DO CARMO FONSECA

Licenciada em Medicina (1983), Doutoramento em Biologia Celular (1988) pela Faculdade de Medicina da Universidade de Lisboa e Pós-doutoramento no EMBL (Heidelberg, Alemanha). Professora na Faculdade de Medicina da Universidade de Lisboa. Directora Executiva do Instituto de Medicina Molecular (IMM) desde 2002. Recebeu vários prémios e honras incluindo o Prémio Gulbenkian de Ciência em 2007.

MARIA DO ROSÁRIO PEDREIRA

Nasceu em Lisboa em 1959. Licenciou-se em Línguas e Literaturas Modernas pela Universidade Clássica de Lisboa. Estudou paralelamente outros idiomas, como o alemão e o italiano. É editora e escritora. Recebeu vários prémios literários pela sua obra poética e as suas séries de livros juvenis foram adaptadas à televisão.

MÁRIO DE CARVALHO

Advogado e escritor, nasceu em Lisboa, em 1944. Formou-se em Direito em 1969. A sua estreia literária dá-se em 1981, tendo desde aí publicado regularmente numa grande diversidade de géneros: romance, drama, contos, guiões. Recebeu diversos prémios, podendo-se destacar, na sua bibliografia, o romance histórico "Um Deus passeando pela brisa da tarde", distinguido com o Grande Prémio da APE (romance) 1995, o Prémio Fernando Namora 1996 e o Prémio Pégaso de Literatura do mesmo ano. Em 2004 foi galardoado com o Grande Prémio de Literatura ITF/DST e, em 2009, com o prémio Vergílio Ferreira.

NAIDE GOMES

Enezenaide do Rosário da Vera Cruz Gomes, nasceu em São Tomé e Príncipe no dia 20 de Novembro de 1979. Amante do desporto desde tenra idade, tornou-se especialista no salto em comprimento, embora os seus primeiros resultados internacionais tenham sido alcançados nas chamadas Provas Combinadas. Sportinguista talentosa, forte, disciplinada, perseverante mas sempre humilde, Naide Gomes tem um palmarés invejável que a torna uma referência incontornável no mundo do atletismo.

NILTON

É um humorista de stand up Comedy. Também escreve livros, edita DVDs, faz rádio e televisão quando assim tem de ser.

NUNO COSTA SANTOS

36 anos, é guionista e escritor. Publicou, entre outros, os livros "Dez Regressos" e "Os Dias Não Estão para Isso". Trabalhou em jornais, rádio e televisão e é associado das Produções Fictícias. Tem um programa no canal Q intitulado "Melancómico". Escreveu o texto da peça "Brel nos Açores" e prepara a biografia de Fernando Assis Pacheco. Dá, regularmente, aulas de escrita criativa.

NUNO DELGADO

Licenciado em Ciências do Desporto pela Faculdade de Motricidade Humana e graduado pela Fundation Degree of Sports Performance in Judo, Universidade de Bath em Inglaterra, considerado o melhor judoca de sempre em Portugal, alcançou, ao longo da sua carreira, inúmeros êxitos enquanto pessoa e atleta de alta competição, tornando-se uma referência e símbolo do desporto nacional. Conquistou, em 2000, a medalha de bronze nos jogos Olímpicos de Sydney, tendo sido, no mesmo ano, distinguido com a Medalha de Honra ao Mérito Desportivo. Actualmente é o mentor da maior Escola de Judo do País, a Escola de Judo Nuno Delgado, um projecto de cariz desportivo e social que ajuda a formar campeões para a vida.

ÓSCAR BRANCO

Num longínquo Sábado de 1983, fui atacado pelo proprietário de um bar que me arrastou para o palco na ilusão de entreter o público. Foi o primeiro caso de Actorjacking que há memória por estas bandas. Na época, o conceito de Stand up Comedy – um comediante e um microfone – era coisa inimaginável. Sem microfone criei o Stand up Screaming. Foi revolucionário já que pela primeira vez um tipo podia estar aos gritos num bar sem ser espancado pelos seguranças. A partir de aí foi o que se viu.

PEDRO COUCEIRO

Piloto de Competição Internacional, nascido a 23 de Março de 1970, iniciou aos 12 anos a sua actividade desportiva no Karting. Após vários bons resultados nesta modalidade, ingressa na Fórmula Ford onde vem a sagrar-se Campeão Nacional em 1990. Desde então militou nos mais variados campeonatos internacionais, sendo um dos pilotos portugueses com mais longa carreira "fora de portas".

PEDRO JÓIA

Inicia o estudo da guitarra aos 7 anos na Academia dos Amadores de música com o professor Paulo Valente Pereira. Aos 14 anos transfere-se para o Conservatório Nacional, terminando o Curso de guitarra com o professor Manuel Morais. A partir de 86 dedica-se ao estudo da guitarra flamenca, primeiro de forma autodidáctica e mais tarde, a partir de 88, frequentando cursos de Verão com guitarristas como Paco Peña ou Gerardo Nuñez. Foi, no entanto, com Manolo Sanlúcar que manteve uma relação de aluno durante longos anos. Inicia a sua actividade de concertista aos 18 anos e desde então fez concertos em inúmeros países e continentes tendo gravado até ao momento 5 discos em nome próprio. Entre 2003 e 2007 morou no Brasil tendo sido um período de intensas colaborações musicais. Foi galardoado em 2008 com o Prémio Carlos Paredes como reconhecimento pelo disco "À espera de Armandinho". Prepara para 2010 o lançamento de um disco gravado ao vivo no CCB e Teatro S. Luiz com a Orquestra de Câmara Meridional.

PEDRO LIMA

Licenciou-se em 1984 em Engenharia Electrotécnica e de Computadores pelo Instituto Superior Técnico (IST), onde obteve também o Mestrado em 1989. Doutorou-se em Electrical Engineering no Rensselaer Polytechnic Institute, Troy, New York, USA, em 1994. É professor no Departamento de Engenharia Electrotécnica e de Computadores do IST e investigador no Instituto de Sistemas e Robótica – Laboratório Associado (onde coordena o grupo de Sistemas Inteligentes) desde 1994. Pedro Lima é Trustee da RoboCup Federation, presidente da Sociedade Portuguesa de Robótica e activo organizador de eventos de promoção da C&T junto dos mais jovens. Exerce ainda os cargos de Delegado Nacional ao ESA Programme Board for Human Activity, Microgravity and Exploration e ao 7º Programa Quadro da Comissão Europeia, Tema Espaço.

RICARDO ANDORINHO

Licenciou-se em Organização e Gestão de Empresas pelo ISCTE, pós-graduado em Finanças e Controlo Empresariais tem desenvolvido projectos na área comportamental da gestão e tecnologias da informação. Desenvolve funções de coordenação de todos os projectos MBUintelligence, empresa da qual é administrador. Gestor e networker activo em redes sociais privadas e públicas (mais de 15.000 membros), formador e coach para redes sociais na MBUintelligence, é também autor do livro "Awaken Your Genius" – Disponível para venda nos EUA, e em processo de edição para Portugal. O seu trabalho on-line levou-o a ganhar o prémio de melhor networker numa rede social profissional internacional. Empreendedor por natureza, ajuda a sua rede de contactos a conseguir objectivos de uma forma mais rápida e eficiente. Foi atleta profissional de andebol entre os anos de 1994 e 2008, internacional português com mais de 150 jogos internacionais, com resultados de referência em Portugal e Espanha. Representou somente o Sporting Clube de Portugal e o Portland San Antonio (Espanha). Esta experiência levou-o a conhecer muitas pessoas, diferentes países, e diversas realidades sócio-culturais.

RITA FERRO

Nasceu em Lisboa, em 1955. Estudou Design, especializou-se em Marketing, foi professora de publicidade redigida e exerceu funções de direcção ou consultoria em diversas empresas. Iniciou-se na escrita em 1990, arriscando um novo tipo de escrita, cúmplice e geracional, a qual, tendo obtido um estrondoso sucesso e revolucionado o mercado literário português, conheceu inúmeros seguidores. Distingue-se por um estilo de narração mordaz e contundente, de grande versatilidade. Escreveu vinte livros em vinte anos, entre romances, cartas, biografias, livros de crónicas, literatura infantil e até uma peça de teatro. Além de presença regular na imprensa e na rádio, foi apresentadora de televisão, júri literária e de festivais de cinema. Desenvolveu um curso inédito de Incentivo à Criação Literária, lecciona o Curso «Primeiro Livro», faz entrevistas para a imprensa e troca ideias no programa de rádio «Conversas de Raparigas», numa rubrica de humor e comportamentos. Os seus livros estão editados em Espanha, no Brasil e na Croácia. "4 & e um quarto" é o seu último romance, assinalando os seus 20 anos de vida literária.

RUI MACHADO

Natural de Faro, começou a jogar ténis aos 6 anos de idade tornou-se profissional da modalidade aos 18 anos. Membro da equipa da selecção nacional desde 2003 conta com 2 títulos de campeão nacional na categoria sénior. Viveu em Barcelona dos 15 aos 22 anos onde fez parte da sua formação tenística e entrou para a Universidade de Economia de Barcelona tendo suspendido os estudos para se dedicar a 100% ao ténis. Actual nº 1 português e 95º do ranking mundial.

RUI ZINK
(Lisboa, 1961) é professor e escritor. Quando lhe perguntam porque "não escreve mais nos jornais" e não "faz televisão" esclarece que não têm aparecido propostas remuneradas. Os seus livros mais recentes são "O Destino Turístico" (Prémio Ciranda 2009) e "O Anibaleitor" (Prémio Fernando Namora 2011).

SARA TAVARES
Com 16 de anos de carreira, 4 discos editados e centenas de espectáculos pelo mundo fora, é hoje, uma das maiores representantes de uma musicalidade que nasce em Lisboa mas que se inspira no passado africano e no presente da sua diáspora, para vir, finalmente, a desaguar numa sonoridade puramente universal.

SIMONE DE OLIVEIRA
Cantora, actriz de teatro e de televisão portuguesa, nasceu em Lisboa a 11 de Fevereiro de 1938. Estreou-se em público como cantora em Janeiro de 1958, no primeiro Festival da Canção Portuguesa, que viria a vencer nos dois anos seguintes. Estreia-se no teatro de revista em 1962. Vence o Festival RTP da Canção de 1965 com o tema "Sol de Inverno". Mas é em 1969 que Simone vence o Festival RTP da Canção, com o maior êxito da sua carreira – "Desfolhada Portuguesa". Recebeu vários prémios, dos quais se destacam os Prémios de Imprensa, Popularidade, Interpretação e ainda o Prémio Pozal Domingues. Foi condecorada com a Grande Ordem do Infante.

SÓNIA TAVARES
Nasceu em Alcobaça, a 11 de Março de 1977. É uma cantora portuguesa, vocalista da banda *The Gift*. Para além dos *The Gift*, Sónia tem vindo a colaborar com diversos músicos e projectos do panorama musical português, como os Cool Hipnoise, Rodrigo Leão e GNR. Em 2009 faz parte do projecto Hoje, no qual dá voz a fados de Amália Rodrigues, numa versão Pop.

TELMA MONTEIRO
Nascida em Almada, a 27 de Dezembro de 1985, é uma judoca portuguesa que compete actualmente pelo Sport Lisboa e Benfica, e detém um palmarés impres-

sionante na sua categoria (-52 kg) apesar da sua pouca idade. Em 2009, assumiu a mudança para a categoria de -57 kg e obteve a medalha de ouro na primeira prova de 2009, realizada na capital búlgara. Participou nos Jogos Olímpicos de Atenas 2004 e de Pequim 2008, onde se classificou em 9º lugar. Telma Monteiro garantiu, recentemente, aos 24 anos, a sua quarta medalha em Mundiais – prata em 2007, 2009 e 2010; e bronze em 2005.

TEREZA SALGUEIRO

Nasceu em Lisboa a 8 de Janeiro de 1969. Em 1986, com apenas 17 anos, integra o mais famoso grupo Português de sempre no estrangeiro – *Madredeus*. Entre 1987 e 2007, gravou com o *Madredeus* mais de doze discos premiados, tendo mais de cinco milhões vendidos em todo o mundo. Em paralelo com a actividade do grupo, é editado um primeiro álbum em seu nome, "Obrigado" (2006) que reúne participações de vários artistas e outros dois álbuns "Você e Eu" (2007) com o Septeto de João Cristal e "La Serena" (2007) com Lusitânia Ensemble. Ainda em 2007, a convite do compositor polaco Zbigniew Preisner, participa como voz solista no álbum "Silence Night and Dreams" (2007). O ano de 2009 vê nascer o projecto MATRIZ – um percurso pela obra de diferentes autores e compositores portugueses e já em 2010 Tereza Salgueiro encanta com "Voltarei à minha Terra", procurando representar e celebrar a riqueza, diversidade e intemporalidade da nossa cultura musical e poética.

VANESSA DE SOUSA FERNANDES

Nasceu a 14 de Setembro de 1985, em Perosinho, e é uma atleta portuguesa de triatlo. Deu os primeiros passos no triatlo no Clube de Perosinho e no Belenenses, e representa o Benfica desde finais de 2005. Estreou-se no triatlo numa prova em Peniche, por iniciativa do pai, o antigo ciclista Venceslau Fernandes, vencedor da Volta a Portugal em 1984. Venceu a prova e, a partir daí, dedicou-se à modalidade. A atleta começou por dar nas vistas como júnior, conquistando o título de campeã da Europa em 2003, depois de ter arrecadado a medalha de bronze no campeonato da Europa de triatlo e duatlo em 2002. Desde então, já foi várias vezes campeã da Europa (2004, 2005, 2006, 2007 e 2008) e do Mundo (2007) em triatlo. Em 2008, alcançou também a medalha de prata nos Jogos Olímpicos, nesta modalidade. A par do triatlo, Vanessa Fernandes tem-se igualmente destacado no duatlo (ciclismo e corrida), contando no seu palmarés com dois títulos de campeã mundial, obtidos em 2007 e 2008.

VASCO SOUSA UVA

Nasceu a 15 de Dezembro de 1982, em Lisboa. Analista Financeiro no Orey Capital Partners, Fundo de Private Equity do Grupo Português Orey. Licenciado em Direito pela Universidade Católica Portuguesa e Mestre em Direito e Gestão pela mesma Universidade. Jogador de Rugby do Grupo Desportivo Direito e da Selecção Nacional, tendo sido capitão na única vez que Portugal alcançou o Mundial da modalidade. Recebeu vários prémios enquanto jogador. Autor do Livro "Hoje é por Portugal" que conta a história da Selecção Portuguesa de Rugby no apuramento e no Mundial de França em 2007.

ZÉ PEDRO

José Pedro Amaro dos Santos Reis, é um músico português, guitarrista e o fundador dos Xutos & Pontapés, nascido em Lisboa a 14 de Setembro de 1956. Apesar de ser o guitarrista ritmo da banda, é considerado um ícone para o rock português, tendo sido compositor de alguns clássicos dos Xutos. Em meados dos anos 90, durante uma pausa dos Xutos, participou em conjunto com o colega/baterista, Kalú, na banda de Jorge Palma, Palma's Gang. Participou no filme de Fernando Fragata "Sorte Nula", desempenhando um pequeno papel de um recluso evadido. Actualmente, Zé Pedro é também DJ e tem uma rubrica na rádio Radar.